ノーベル賞からウォーターボーイズまで輩出する

川越高校リベラルアーツ教育

神山典士 著

青月社

まえがき

――川越高校のような会社をつくりたい、若きアントレプレナー

高校時代という黄金の3年間

本書執筆中のある日、突然フェイスブック経由で一通のメールが飛び込んできた。

「川越高校のような会社を興したくて起業しました。メンバーには川越高校卒業生が私をいれて5人います」

なに？　川越高校のような会社を起業？　なぜこのタイミングでメールを？

「同窓会会報でこの本が出版されることを知って早速注文しました。２００３年卒の和田宏樹と申します。出版を楽しみにしております」

早速検索してみると、早稲田大学社会科学部卒、リクルート、Google、起業して「アクト

デザインラボ株式会社代表取締役」とある。34歳の経営者だ。
これは会わないわけにはいかない。このタイミングでこんな若者に出会えるとは。
早速アポイントを取って出かけてみた。するとそこで語られたのは――。

埼玉県立川越高校は、1899年（明治32年）、埼玉県立第三中学校として誕生し、今年で創立120周年を迎える男子校だ。その校風は「服装の自由」に象徴されるように、生徒の意志を尊重した「自主自立」の精神にある。卒業生にはノーベル物理学賞や芥川賞の受賞者を初めとして、政財界、官界、教育界、地方自治体等、各界にきら星のような名が並んでいる。
学校行事のシンボルは、毎年約2万人を動員する「くすのき祭」だ。全校生徒の約4分の1、1年生だけ見れば約2分の1の総計300人余りの生徒が実行委員となり、来校する観客に「おもてなし」の心を尽くして準備する。夏休みの全てをかけて制作する高さ10数メートルに及ぶ「門」。日々の鍛練の結晶、応援団の演舞。映画にもなった水泳部のシンクロ「ウォーターボーイズ」等々。全て生徒たちの企画でプログラムは進み、それが長年継承されて「伝統」に昇華する。クラブ活動や生徒会活動でも大きな成果をあげている。自然界の真理を追求する科学教育や、グローバル時代を生きる力を養う異文化プログラムでも、生徒たちは本領を発揮する。時代によっては学園闘争期にも「血と汗のにじむ努力」が重ねられてきた。

けれど世間が注目する受験実績に目を転じると、難関校の合格者数はじりじりと減少傾向にあるのも確かだ。かつて県内では浦和高校に次ぐ東大合格者数を誇ったが、台頭する中高一貫の私立高校の存在や受験システムの変革により優秀な生徒を奪われ、全国の公立高校と同様、苦境に立たされている。

だが本来の高校教育は、受験実績だけで計られてしまうものなのだろうか？　メディアに報じられる「東大合格者数」だけが高校の指標なのか？　10代後半の3年間という人生における「黄金の時」をいかに生きるかは、もっと多様な指標があっていいのではないか。そしてそれが、大学生や社会人になってからの「のびしろ」に繋がるのではないか。

本書で記そうとしているのは、そんな高校生活の「多様な価値観」だ。

その一つの貴重な事例に、脱稿寸前に出会えるとは。

和田氏の言葉は、本書のテーマに血肉を与える事実の連続であり、まさに「十代の黄金の時」を目一杯生きた者の証言だった。

「川越高校に行けば人生が変わる」

「中学時代は苦しい日々でした。生き方や考え方が合わない先生が多くて。ぼくも生意気な生徒だったのかもしれません。小テストの解答を数分で終えると「お前は塾に行っているからできるだけだ。他の生徒に悪影響だからもっとゆっくり解け」と言われたり、反抗的な態度をとると「お前は社会で絶対に活躍できない」と言われたりする。なんで先生にそんなことを言われないといけないのか？　ぼくの何がいけないのか？　全く理解できませんでした。

ところが学校の中で一人だけぼくを徹底的に肯定してくれる先生がいました。「宏樹は凄い、天才！」「なんでこんな難しい問題が解けるの？」「なんでそんなにサッカーが上手いの？」。他にも問題を解くやつもいたしぼくよりサッカーが上手い子もいたのに、徹底してぼくを肯定してくれたんです。浅田栄正先生でした。

その浅田先生がある日言ったんです。「川越高校に行くと宏樹の人生が変わる」って。なぜなら君よりも優秀な生徒ばかりが集まっていて、目の前に大きな壁が聳《そび》えるだろう。そういうところに行けば、絶対に君は成長できる。素晴らしい仲間にも出会えるって。

当時ぼくは勉強はできたけれど1番じゃなかった。サッカーでは県大会で準優勝したチームの背番号10だったけれど、もっと上手い選手もいた。中学2年の時の偏差値は62。この成績では川高には行けないとはっきり言われました。今思えばとてもツライ時期だったんです。

でも浅田先生はそれ以降、部活を終えて帰宅したぼくを車で迎えてまた学校に戻って、職員室で勉強を教えてくれました。毎日毎日。塾がある日を除いて。土曜日も日曜日も。公立中学の先生がそんなことをしていいのか。依怙贔屓《えこひいき》なんていうレベルをはるかに超えている。先生は毎年何人かそういう子を見つけては、夜に勉強を教えていました。川高の卒業生ではないのに川高大好き。そういう先生だったのです。

そのお蔭でぼくはどんどん成績が伸びて、偏差値が75になった。無事合格して川高生になることができた。入学したら、ぼくは勉強でもトップクラスに入る。サッカーでも1年生からエースとして活躍して絶対に高校選手権で全国大会に出場する。そして将来は――――。

ところがそんな夢はすぐに砕けました。現実は厳しかった。サッカーは死に物狂いで頑張ったけれど、3年時の選手権予選の背番号は22。ついにレギュラーにはなれませんでした。勉強もDかEランカー。下から30%のところをうろうろしていた。先生の言う通り、大きすぎる壁が目の前に聳《そび》えていたんです。

でも素晴らしい仲間がいて楽しすぎる毎日がある。それもまた先生の言った通りでした。

当時サッカー部は、諸田純一先生が顧問。浦和高校から筑波大学に進んだストライカーで、当時Jリーグがあったら入れるレベルの選手だったそうです。公立高校で選手権に出場するという目標を持った人で、それ以前には川口高校で県大会で準優勝した。その選手権出場の夢を川高で！　がぼくらの合い言葉でした。生徒も踏ん張って、ぼくらの5代前の笛木正司先輩たちからは3年生も秋の選手権予選に出るようになった。それ以前は5月のインターハイ予選で引退、以後は受験勉強をしていたんですが、秋までがんばる。勉強もサッカーもがんばる。そのことが広まって、その頃から中学の優秀な選手が集まるようになっていました。その結果2つ上の代は県予選ベスト8。4つ下の代には早稲田に一般入試で入って、体育会サッカー部のセレクションに合格した鈴木隆司くんがいます。鈴木くんがレギュラーで活躍したお蔭で、さらに3つ下の後輩がやはり一般入試からセレクションで体育会サッカー部に入部できた。それがいまセレッソ大阪で活躍している片山瑛一選手です。彼は我々サッカー部の誇りです。先輩がサッカー部の文化を変えて、ぼくらがそれを引き継いで後輩にJリーガーが誕生した。

川高時代、ぼくは補欠だったけれど納得した補欠でした。干されたとかいじめられたとかじゃない。死に物狂いで練習して競争して、その結果が背番号22だった。誇れる22番。

なによりも川越高校を選んだのは、サッカーの名門校に行って選手権に出てもつまらないだろうと思ったからです。実際に母校・鳩山中学時代のキャプテンは武南高校に推薦で入って選手権に出場しています。それはそれですごいことだけれど、文武両道の王道をいく川越高校のサッカー部で選手権に出るからかっこいい。それがぼくらのスタイルだ。残念ながら県予選で負けたけれど、みんなそういう思いを持っていました。あの仲間たちはいまも宝です。

だからぼくはそういう会社をつくりたいと思った。素晴らしい人間が集まってみんなが前向きな意志を持って仕事に向かう。そういう文化にしたい。いまぼくは、そういう会社をつくっています」

「人生に夢中な人を増やす」企業ビジョン

和田氏のオフィスは中央区日本橋人形町の小さなビルの4階にある。ドアを開けると高校の教室の二倍ほどの広さのフローリングのワンルーム。靴を脱いで入る。いくつかの大机があり、十数人の若者たちがそこここでミーティングをし、キーボードを打ち、モニターを見つめ、電話をし、雑談をしている。ざわざわとほどよいノイズが混ざり合った気持ちのいい空間だ。

「まるで川越高校の教室みたいでしょ？　ちょっと前までは入り口に観葉植物も置いていたんです。くすの木みたいな」

着古したＴシャツにジーパン姿の若き社長は、そう言って笑顔をつくる。

「いま手がけているビジネスは６つです。一つはネットのキャリア系Ｗｅｂメディア『ブレイブアンサー』。30歳を超えたときに感じたキャリア形成をテーマに、『グローバル化の意味とは？』『ＧＤＰとは何か？』『ＩＣＴ教育とは？問題点は？』といったテーマを特集しています。20代がメインターゲットですが、30代40代の読者も多いです。グーグル時代に学んだことを活かして、毎月60万人程の読者を集める広告モデルのメディアです。

去年川越で美容室も開業しました。ネットの仕事をしていると、ＡＩ時代でシンギュラリティがくると現在ある仕事の半分以上は人工知能に置き換わると実感します。その時何が残るのか？　どんなに機械化が進んでも、髪を切るときは人は人にやってほしいんじゃないか？　だから美容室。川越で美容室をやっている友人がいたので、『ＨＡＩＲ ＮＡＣＥＲ』というお店を一緒に開業しました。世の中的には逆ばりに見えるかもしれないけれど、ぼくのなかでは正攻法。川越駅前の店舗でいまは10名程の美容師が働いてくれています。

もう一つはシンガポール法人です。川高サッカー部の後輩で、京大大学院でイスラム教を学んで自身も改宗した川畑亜瑠真くん（２００５年卒）と設立しました。日本の魅力的なコンテンツとイスラム社会を繋ぐビジネスを手がけたい。イスラム教徒約20億人の訪日インバウンドに向けて、川越の魅力的なコンテンツを発信する。たとえばウナギです。海外に寿司屋はたくさんありますが、ウナギの認知度は全然低いですから。

あとはペットをテーマにしたメディア、広告、コンテンツ制作のビジネスもあります。ばらばらの文脈に見えるかもしれませんが、ぼくの中では統一のコンセプトがある。会社のビジョンは『人生に夢中な人を増やす』。『夢中』って川越高校っぽいでしょう？ ビジネスを通してそういう仲間が増える社会にしたいと考えています」

不確実性業務に宿る高校時代の「＋α」思考

現在所属している川越高校のＯＢは和田氏を除いて４人。

一人は同級生で、慶応義塾大学ＳＦＣ出身の平定浩氏。高校時代からの仲間だ。大学卒業後就職せずにミュージシャンの道を選んだ。その後和田氏が起業するときに声をかけてメンバーとなり、いまは「ブレイブアンサー」の編集長として活躍している。現役のミュージシャンでもある。

95年生まれの神波将宏氏（２０１３年卒）と94年生まれの大島龍氏（同）はともにサッカー部の後輩だ。大学生の時に、和田氏がたまたま参加したＯＢ会で出会い意気投合。起業を考えていた和田氏がインターンとして採用し、そのまま就職した。二人ともＷｅｂメディアの運営者だ。

前述のシンガポールで活躍する川畑氏を含め、現在は川高ＯＢ５人が活躍している。

「この会社では、業務の定義を確実性業務と不確実性業務の二つに分けています。社名にラボと名乗っているのに、確実な業務だけやっているなんて普通の会社じゃないですか。ラボラトリーに相応《ふさわ》しく、実験的に不確実な業務も常に手がける。うまくいくかわからないけれど、やってみる。アイディアを出し合って、『こういうのあったらいいよね！』というサービスの種を見つける。いまは未経験者をＩＴエンジニアに育てるラボをやったり、スマホゲーム好きは業務時間にも真剣にゲームをやっている。経営者としては、将来ｅスポーツのビジネスに繋がれるかも？　と思いますが、わかりません。不確実性業務なので。収益をあげるのは確実性業務、不確実性業務では徹底的にラボをする。その両方の業務をあわせて『仕事』とするのが我が社の特徴だと思っています。

川越高校でもそうでしたよね。勉強はして当たり前。受験もがんばって当たり前。でもそれだけではかっこよくなくて普通です。部活動もやる、くすのき祭もがんばる、生徒会もやる、教科書＋αの勉強もやる。そうやって目の前の課題全てに無我夢中で取り組む。そうしなかったら川高生じゃない。10代の3年間、仲間と切磋琢磨《せっさたくま》しながら「夢中に生きること」を学んだことで、少なくともぼくは人生が変わりました。

企業も同じです。普通は資本金と年商でその規模をみるけれど、ぼくの尺度には＋αがある。２０１９年現在の視点だけでなく、30年後、50年後のＡＩ時代に人間はどう生きるのか？　食料や住居のコストが激減し、ベーシックインカム制度が一般化したときに人類は何をするのか？　そういう「問い」を立てて、各企業がどのように考えてビジネスをしているのかをみるようにしています。

ガリガリ勉強だけやって東大に入る。サッカーの強豪校に行って選手権に出る。儲かる仕事だけをやって飯を食う。儲ける。会社を大きくする。そんなの普通です。全然かっこよくない。川高生が選択する人生ではないと思います。

当たり前のことは当たり前にやって＋αもがんばる。夢にチャレンジする。それが美しいし川高生らしい。ぼくは高校時代の影響をいまもまともに受けながら、日々生きています」

リベラルアーツとは「問いを立てる力」

アクトデザインラボ社が運営する「ブレイブアンサー」に、本書のテーマにも通底する「リベラルアーツ」の特集があった。日本語では「教養」と訳されることが多いけれど、本来のそれは「自由になる手段」だと書かれている。

その概念は古代ギリシアで生まれた。人間を呪縛《じゅばく》から解放するための知識、生きる力を身につけるための手法、奴隷にならずに自由人として生きていくための学問を指していた。その概念が古代ローマへと引き継がれ、言語系3学（文法・論理・修辞）と数学系4学（算術・幾何《きか》・天文・音楽）として定義された。その後自由7科目となったリベラルアーツの概念は、17世紀イギリスを経由してアメリカに伝わって今日に至る。各科に分かれて専門性の高い学問を学ぶ総合大学（ユニバーシティ）と、少人数教育で幅広い学問に触れて教養や知識を身につけるリベラルアーツカレッジは区別される。1636年に設立されたハーバード大学も、当初はリベラルアーツカレッジだった。

「現代においてリベラルアーツとは、「問いを立てる力」だと考えます」

和田氏は言う。氏が専門とするキャリアの分野でも、終身雇用制が揺らぎ入社から3年目までに3分の1の新入社員が転職する状況がある。ＡＩの登場により、「そもそも人はなぜ働くのか」を考える時代がきつつある。現代人は、既成概念の束縛から自由にならなければ、社会の目まぐるしい変化に対応できない。氏はこう続ける。

「日常の中に疑問を持つことなく漫然と過ごすだけでは問いを立てることはできません。問いや疑問がなければ本来解決すべき課題も見えてこない。課題が浮き彫りにならなければ、解決への行動も生まれずにただ先送りされることになってしまう。キャリアに対する問いは何か？社会に対する問いは何か？　その技術革新が世に与える影響は何か？　そういった「問い」を立てるために、リベラルアーツは必要不可欠なのです」

川越高校で行われている教育を考えるとき、和田氏とその仲間たちが実践し発信していることの考え方こそが、そのエッセンスと言っていいだろう。１２０年という長い歴史を経て、３万人余の卒業生と現役生１２００余人、数千人の教職員と関係者が綾《あや》なしてきた教育実践は、まさに混迷する現代社会に深く鋭く「問いを立てる力」の養成だった。

そのためには本書で記すように、ただ受験を目的とした勉強と成績の向上、合格実績だけに固執するのではなく、クラブ活動、文化祭運営、生徒会運営、特別プログラム等、さまざまな分野への360度の努力が求められる。そこには個人の苦悩もあれば集団としての葛藤もある。生徒と教師のぶつかり合いもあれば生徒同士の激しい摩擦もある。

それらの熱量が高ければ高いほど、高校を卒業し大学、社会人となってからも人間として成長する「のびしろ」が生まれる。

川越高校120年の歴史から生まれた「人間」「思想」「組織」はどんなものなのか。それらは「伝統」としてどう昇華したのか。いくつかの物語から、その姿を語っていこう。

川越高校のリベラルアーツ教育

もくじ

まえがき

1 探求する力

もくじ

2 没頭する力 83

体育教師、バレー部顧問・萩原秀雄氏

4 異文化の力 165

5 伝統を「継承＋改革＋創造」する力

もくじ

6 自主自立の力 287

根岸秋男氏（明治安田生命社長）

～徹底した観察とゆるぎない使命感の実践で巨大組織を導く 288

本書の掲載内容は、出版時点（２０１９年）での取材及び資料に基づいたものである。

1
探求する力

梶田隆章氏（ノーベル物理学賞、科学者）

～実験屋として貫いたデータ解析の成果

Profile

梶田隆章（かじた・たかあき）

1959年生まれ。川越高等学校77年卒。81年、埼玉大学理学部を卒業。東京大学大学院理学系研究科に進学し小柴昌俊研究室に所属。88年、東京大学宇宙線研究所助手。96年よりスーパーカミオカンデで大気ニュートリノを観測、ニュートリノが質量を持つことを確認し、98年にニュートリノ物理学・宇宙物理学国際会議で発表。99年、東京大学宇宙線研究所教授、同研究所附属宇宙ニュートリノ観測情報融合センター長（16年3月まで）。08年、東京大学宇宙線研究所長。15年、ノーベル物理学賞を受賞。受賞理由は「ニュートリノが質量をもつことを示すニュートリノ振動の発見」。同年、文化勲章を受章。16年、東京大学特別栄誉教授。17年、東京大学卓越教授。

恩師の記憶と共にある古い机と「晩成」の歩み

「未掘の鉱山から未知の鉱石を掘り出すこと」――。

かつて宇宙線研究は、そう表現されていたことがある。その言葉どおり、日本の宇宙線の研究は、終戦直後に長野県と岐阜県にまたがる乗鞍岳の山頂に設置されたわずか15坪の「朝日小屋」で黎明《れいめい》期を迎えた。その日から約70年――、原子核内部の中間子の存在を理論的に証明した湯川秀樹氏や、超多時間を使って場の量子論を一新した朝永振一郎氏ら幾多の物理学の先達の研究成果を経て、いまその研究の流れの一つは、東京大学柏キャンパス内に設置された「東京大学宇宙線研究所」に引き継がれている。

今日の日本のこの分野の研究は、２００２年と２０１５年、この研究所の研究に関連した二人の研究者が獲得した「ノーベル物理学賞」によって世界的なレベルにあることが証明された。カミオカンデでの研究によって受賞した小柴昌俊氏と、スーパーカミオカンデによるニュートリノ振動の研究で受賞した梶田隆章氏。

川越高校１９７７年卒（１９５９年３月生まれ）である梶田氏は、現在この研究所の所長として、日本の宇宙線研究全体に目を配る立場にある。氏は、現在の仕事をこう概観する。

「私どもの宇宙線研究所は、この分野での日本全体の研究者が共同利用するシステムを持っています。宇宙線という分野はある程度研究装置が大きくなるので、大学の各研究室がそれを持つことは不可能です。だから私どもの研究所でさまざまな研究のための装置を確保して、そこから出てくるデータをそれぞれの研究者に使っていただく。その成果を最大化するために、いろいろな日本の研究者仲間と話し合いながら研究を進め、より発展させていく。そういうことをしっかりとやっていく立場にあります」

研究所二階にある所長室で、梶田氏は穏やかな口調でそう語る。

部屋にはいってまず印象的だったのは、氏が座った大きな机の存在だった。所長室の備品としてはあまりに古びていて、表面には疵《きず》や何かをこぼしたような跡がたくさんある。いかにも使い古しといった風情だ。いったいなぜこのような机を使っているのだろうか？

「気づかれましたか？　この机は１３０年くらい前から東大で使われていて、かつて小柴昌俊先生の研究室でも使われていたものです。この机には私の大学院時代からの思い出もたくさん詰まっているし、多くの先輩たちの思い出も刷り込まれています。それが捨てられるのは忍び難かったので、この部屋にもらってきました」

あとからも述べるように、物理学の研究者としての梶田氏の歩みには、小柴氏の存在は大きなメルクマールになっている。氏自身「大学院の入試で小柴先生の研究室に拾ってもらわなければ私は物理学者になれなかった」としばしば語っている。

ノーベル賞受賞者となり、日本の物理学界のリーダーの一人となったいまも、その日常は恩師とともにある。そんな姿勢に、氏の誠実な人間性が感じられる。

同時にもう一つ印象的だったのは、新聞や雑誌の紙面で見る以上に大柄な氏の体格だ。確か資料によれば、川越高校入学時の身長は１６０センチ程度しかなかったとあった。ところが現在の氏は、１８０センチを超える立派な体格をしている。いったいいつ身長が伸びたのだろうか？　そう問うと、氏は苦笑しながらこう言った。

「高校時代も伸びましたし、大学に入ってからもまだ少し伸びていました。高校時代は小柄だったのですが――」

この発言からは、「大器晩成」という言葉を思わずにいられない。普通なら高校入学の前後に身長の伸びはとまるものだが、氏は大学に入ってもまだ成長していたという。氏の歩みを振り返ると、身長だけでなく、高校大学時代までは固く殻を閉ざしていた才能の蕾《つぼみ》が、ゆっくりじっくりと熟成し、大学院入学から博士課程、そしてそれ以降も時間をかけて大輪の花を咲かせた印象だ。

このことは、川越高校に学んだ多くの者たちに共通する、ある種の特色と言えるのではないか。現在の高校教育の現実の中で、あるいは消えようとしている「何か」が、川越高校には微《かす》かに残っている証ではないか？　それは本書において、のちに何度も語ることになるものなのだが――。

さて、梶田氏の「晩成」の歩みには、いったいどんなエピソードがあったのか。その蕾状態にあった川越高校時代はどんな生活を送っていたのか。氏は自身の歩みをこう振り返る。

「足るを知る」肯定感と「足らぬを補う」渇望感

「私は東松山の田舎に生まれてのんびりと過ごしてきました。3人兄弟の長男で、静かでおとなしい子どもだったと思います。小学生向けの歴史の本を読んだり、「巨人の星」とかアニメも見たりしていました。家が農家で、田植えや牛の水やりを手伝ったこともあります」

氏は少年時代をそう振り返る。

「高校入学に際して川越高校を選んだ最大の理由は、公立高校だったからです。家は農家であまり裕福ではなかったですから。もう一つは埼玉県西部地区の伝統校のイメージでした。とはいえ入学前はくすのき祭の存在も知らない田舎の中学生でした。いまのようにネット情報もない時代でしたから、高校に入ってからその存在を知りました。男子校であることはもちろん知っていました。当時は『いまの時代に男子校かぁ?』と思っていましたが、私立へ行くという選択肢はなかったし、他のチョイスはなかったと思います」

川越高校に入っても、のちのノーベル賞学者の片鱗がすぐに発揮されたわけではない。

「入学当初は授業のスピードについていけず、成績も半分以下、400人中250番程度だったと思います。中学では得意だった数学も、途中でわからなくなり成績も散々でした。物理の授業も、先生の印象がパッとしなくてとりたてて記憶はないですね。授業内容も面白くなかったという印象でした。最初の一年間で、全ての教科について中学時代の勉強量とかやりかたでは全くついていけないということがわかりました。高校時代の勉強のやり方にきちんと対応できるようになるまでに、1年程度かかったということです。当時は学校以外に塾なんて通うことは考えもしなかったし、授業を聞いてもわからないのに、その上塾に行ってもわからないことを聞くだけだと思っていました。自分のペースでやるしかない、家で自習するしかなかったのです」

――やはり理系の科目は得意だったのですか？

「理系の科目でいえば地学は好きで、所属した弓道部の顧問でもいらした内河輝臣先生にお世話になりました。本来は物理の先生なのですが、教員生活の中でその1年だけ地学を教えたということでした。化学は全くわからなかったし、つまらなかったですね」

――部活動に弓道部を選んだ理由はなんでしたか？

「弓道部に入ったのは、どちらかといえばひ弱で背は低いし、体力勝負の運動部はきつそうだと思ったからです。カッコよくいえば、弓道は『自分が相手』というところが魅力でした。いざ本番という時に、どう気持ちを持っていくか、心の持ちようの重要性は実感しました。学ぶことも多かったですね」

――進路の決定においては、どんな悩みがありましたか？

「進路については、教科の好き嫌いや自分の将来を天秤《てんびん》にかけつついろいろ悩みました。3年になると成績もあがって物理の成績も悪くはなかったけれど、生物も将来性がありそうだとか、環境科学なんていうのも面白そうだとか考えました。

とはいえ高校時代は、教科書以外の勉強はしていないと思います。特に物理にのめり込んでいたわけでもない。川越高校の3年間は部活や学校行事に必死に取り組んで、最初から浪人してもいいという雰囲気の同級生も大勢いました。私自身もそう思っていたところもあります。当時の国立大学の受験には一期校と二期校がありました。ところが一期校の試験では結果が不合格だった上にインフルエンザにかかってダウンして、やる気がなくなってしまいました。二期校の試験で埼玉大学の物理に受かったので、進学することにしたのです」

進学した埼玉大学でも、氏は弓道をつづける。物理の勉強は、それ程熱中したわけではないという。強《し》いて言えば、物理の考え方は面白いと思った。たとえばアインシュタインの一般相対性理論。そこにいたるまでにアインシュタインが重力をどう考えたのか？　その思考の過程には興味があった。

やがて大学3年の秋、氏は東京大学大学院への進学を決意する。とはいえその理由も「興味をもった物理の世界からこのまま去るのは忍び難い」という程度のものだったという。まだまだ大器の蕾は閉じたままだったのだ。だがここで運命的な一つの出会いがあった。

「大学院への進学を考えた頃には、素粒子に興味がありました。今と違って１９８０年代には、宇宙と素粒子は離れたイメージだったのです。募集要項にはどの研究室が何をやっているのかが1、2行書いてあったのですが、小柴昌俊先生の研究室には『電子・陽電子衝突型実験を行う』とだけ書いてあった。素粒子の実験がメインなんだと思って、そこを受けることにしたのです。

正直にいえば、他の研究室のテーマとの違いもよくわからなかったし、どうしてもここに入りたいという強い思いがあったわけではありませんでした。

しかも大学院入試の結果は全然だめで、普通なら受かるような成績ではありませんでした。ところが東京大学の大学院では、試験の成績がボーダーよりも下回っていても指導教官が採るといえば合格することがある。教員一人につき二人までしか入れない仕組みなんですが、運良く小柴先生が採用してくださったのです。小柴先生の研究室自体、まだ先生がノーベル賞をとられる前でしたしカミオカンデ建設の前でもありましたから、そんなに人気があったかどうかは怪しいところだと思います」

のちの栄光の歴史を知る読者からすれば、若き日の梶田氏の歩みはずいぶんひやひやものだ。けれどこの出会いで、氏と物理学を結ぶ扉が微かに開いた。晩成型の大器はまだその片鱗を現さないままに、次なる一歩を歩みだすことになる。

現場を愛する「実験屋」

大学院生になってからの氏のキャンパスは、東京・本郷ではなく、岐阜県の神岡鉱山にあった。地下1キロメートルのところにつくられた、3000トンの水をたたえた巨大なプール。その壁にはおびただしい数の光電子増倍管という検出装置が設置され、水中を走る放射線を捕らえる。小柴氏自らが設計し、のちにノーベル賞をはじめ数々の賞を受賞する世界的発見の舞台となった「カミオカンデ」だ。

梶田氏の大学院入学のころにこの巨大な実験施設の建設計画が立ち上がり、当初2年間、氏はその準備に当たった。約1000本ある光電子増倍管一本一本の電圧チェック等がその役割だった。

修士論文を書き終えるころになると、現場での建設作業が始まった。地底のプールにボートを浮かべて、増倍管を一つずつ手作業で設置する。梶田氏たちは当時操業していた神岡鉱山の作業員たちが住むアパートに合宿し、夜は研究者仲間で酒を酌み交わしながら議論する。朝は作業員たちと一緒にトロッコ列車に乗り込み、くる日もくる日も取り付け作業を続けた。

この頃の写真が残っている。鉱山への入り口をバックにヘルメットをかぶった小柴氏、その後ろには梶田氏を含め4人の若者と研究者たち総勢9名。写真を見ながら懐かしそうに梶田氏が振り返る。

「小柴先生と戸塚先生、それと私を含めた若手は大学院の研究生、技官の方もいます。これがカミオカンデをつくるチームです。このころは現場で何かやっているのが楽しくて仕方なかった。私は自分のことを『実験屋であって理論屋ではない』と思っていますが、毎日論文を読み、論文を書くような研究生活は私には絶対に無理だと思っていました」

やがて博士課程1年目の83年、カミオカンデは完成し、データの収集が始まる。この時梶田氏にとっては、のちの「閃《ひらめ》き」につながる出来事があった。

それは研究をリードする小柴氏の方向転換だった。完成当初は「陽子の寿命を突き止めるための陽子崩壊の実証」が目指されたが、思うような結果が出なかった。そこで小柴氏は「太陽ニュートリノの観測」に方向転換する。超新星爆発によって宇宙から大量に地球へと降り注ぐ素粒子、ニュートリノの観測に切り換えたのだ。そのために装置も改造された。本人もまだ気づいてはいなかったが、この時梶田氏の研究は、大きな転機を迎えていたことになる。

「ズレ」から生まれた疑問・興味・ワクワク感

「正直言って、博士課程での実験の日々は楽しかったけれど、まだ将来の明確な絵は描けていなかったと思います。現場での作業は充実していましたが、自分に研究者としてやっていける力があるのかどうかもわからない状況でした。ところが86年に博士号を取得してから半年後くらいかな、たまたま解析していたニュートリノのデータがおかしいと気づいたんです。明らかにそれまでの学説からはズレている。なぜこのようなデータが出たのかわからない。これは何なんだろう。このまま放っておくべきではないな。そう思って、そこからは迷いなく研究生活に没頭できました」

この時観測された大気ニュートリノのデータの数値は、明らかに予想から「ズレて」いた。いくつかのタイプがあるニュートリノの中で、ミューという種類が予想よりもずいぶん少なかった。観測された成分比が理論上の予測値と大きく異なる。

――これはニュートリノが長距離を飛ぶ間に異なる型へと変化する現象を示しているのではないか。すなわちニュートリノが質量を持てばおこるニュートリノ振動か？

一つの仮説が梶田氏の脳裏に浮かんだ瞬間だった。

とはいえ当初は、あまりに常識を外れたデータだったがゆえに、「プログラムが間違っていたのか？」とも思ったという。一方では、「もしかしたら何か重大なことを掴《つか》みかけているのかもしれない」というわくわくした直感もあった。

のちに氏は、当時をこう振り返っている。

「当時私がターゲットにしていたのは、ニュートリノではありませんでした。ずっと頭の中を占めていたのは、陽子崩壊の解析方法だったのです。その過程で「あれ？」という数値が出た。そこであやふやなままにせず突き詰めていった結果、考えもしなかった結果に行き着いたというわけです」

きっかけは偶然だったが、まさに未掘の鉱山の中にある未知の鉱石を「直感」したのだ。梶田氏はそこで感じた疑問や興味を、放っておくことができなかった。この時初めて、氏の「晩成型の蕾」は微かに綻《ほころ》び始めた。

以降、手にしたデータをもとに、データ解析プログラムの中にあるかもしない「間違い」の可能性を一つ一つ消していく日々。「なぜ？」と芽生えた問題を、中途半端に放ってはおけないという研究者の「性《さが》」がむくむくと首をもたげてきた。

その後1年間の検証の結果、梶田氏は解析したデータの異常は解析の間違いではないという確証をえる。小柴氏に報告すると「面白い結果だ。チェックは十分でしょうね？」との言葉が返ってきた。そのことにも背中を押され、のちの「ニュートリノ振動」に繋がる最初の論文に取りかかる。発表は88年、29歳の時のこと。当時をこう振り返る。

「この研究は世界的にはあまり注目されていなかったと思います。もちろん論文の発表前は情報は漏らしませんでしたし、あまりに常識外れのデータでしたから。周囲からは批判的なコメントや批判的な研究者の噂《うわさ》も聞こえてきました。

でもそういうことに私はあまり耳を貸さないタイプなんです。「あれっ？」と思った86年の暮れから87年にかけて、かなり真剣にデータをチェックしました。その結果、たぶんこれが現実だろうという確信があったので、周囲の声は気になりませんでした」

周囲の天才も気にしない楽観主義

このころ、梶田氏とその研究の前には、もう一つの朗報もあった。それは研究の足元を支える安定した環境を得ていたことだ。

実は博士課程を終えてから、梶田氏は日本学術振興会のポスドク制度に落ちている。だが落ちたことで逆に、もっと理想的な研究環境を得ることができた。当時をこう振り返る。

「あの時は自分でも落ちるだろうと思っていました。博士課程の5年間で、出版した論文は一つだけ。それも共著者の一人としての出版でしたから、これでは落ちても仕方ない。ところがそれを知った小柴先生が、東大理学部の素粒子物理国際センターの助手として採用してくださった。本当にありがたかったです。本来は1年間の期限付きの採用でしたが、2年目も頭を下げて雇用を継続していただきました。しかも88年からは、カミオカンデの約15倍の容積を持つ世界最大のニュートリノ観測装置のスーパーカミオカンデの設置計画が具体化の方向に動いて、東大宇宙線研究所に助手として移ってカミオカンデ関連の研究に専念できる環境が整ったのです」

梶田氏は、カミオカンデ建設のときと同様、スーパーカミオカンデ建設のプロセスにも直接かかわった。そうすることで、トラブル時の対応や実験の進め方にも、大きなアドバンテージがあったという。

こうして理想的な研究環境が整った。96年に稼働を始めたスーパーカミオカンデでは、より精度の高いデータを得ることもできた。当時のことを、梶田氏はこう振り返る。

「88年に最初の論文を発表してから、世界的に認められる論文を出す98年まで、約10年かかりました。その間、割と早い段階で、論文発表に追われたり首になったりすることを心配しないでいいポストにつけました。自分がやりたい研究に打ち込み、好きな論文だけ書いていればいい。小柴研究室の助手から東大宇宙線研究所の助教授の時代（92年〜）は、小柴先生や先輩がたのお蔭で私は非常にラッキーな立場にいられたと思います。研究費も、カミオカンデがもっている研究費（科研費）がありましたし、私の研究はデータ解析が中心だったので、あまりお金もかからなかった。本当に好きに研究をやらせてもらえたのです」

このころを振り返り、氏は自身のことを「楽観的」と表現することもある。あまり先のことを考えずに、先行きの見えない中にも希望を見ながら研究ができたという意味で。

あるいはこの頃の研究について、別の角度からはこう話すこともある。

「物理学に限らず、アカデミズムの世界にはとんでもない天才が大勢存在しています。そういう人と自分を比べることはありませんか？　と聞かれたりもするんですが、ありがたいことに私は実験屋でヘルメットを被って現場で作業することが中心ですから、そういう人と張り合わなくてもやっていける。どんな天才が現れようとも、私は誰よりも物理学を楽しんでいるという実感があった。その事実の前には、周囲のことは気になりませんでした。実験データの解析という作業は、多少の差はあっても理論物理学の天才がやっているような研究に比べたら全く簡単な話ですし、世界的に見てもやっていることは変わらない。周囲を気にして悩んでもしょうがないんです。悩んでもデータが全てですから飛躍的な進歩なんてありえない。これは若いころからそうでした。周囲は気にしないで自分の研究に没頭できた。振り返れば、それがよかった。たまたまそういう楽な環境にいられたということもありますが、それが精神的な強みに繋がったと思います。本当はけっして打たれ強い性格ではないのですが、環境が鍛えてくれたのでしょうか」。

この言葉にこそ、自ら「楽観的」と述べる性格が現れているし、本稿で述べてきた氏の「大器晩成」の本質があるとは言えまいか。自分が掲げるテーマがあれば、世間の流行や周囲の人間たちの言動には惑わされない。たとえ人より歩みは遅くても、自分自身のペースでものごとを考える。川越高校時代から、泰然自若としたそのスタイルは変わっていない。

だからこそ大器はじっくりと熟成し、大輪の花を咲かせることができたのではないか――。

最初の論文から10年、実験屋への鳴り止まない拍手

88年に梶田氏が初めて世に問うたニュートリノの異常は、その後約10年かけてスーパーカミオカンデでさらにデータが蓄積され、ついに98年、歴史的な発表として世界を驚かせることになる。

「Evidence for νμ oscillations ＝ミュー型ニュートリノの振動の証拠」

この年6月、岐阜県高山で行われたニュートリノ国際会議で、スーパーカミオカンデ実験グループを代表してステージに立った梶田氏は、このスライドを掲げて発表を始めた。

英語での発表が終わると、何百人という世界中の研究者が総立ちになり、数十秒間も続く嵐のような拍手喝采《かっさい》でこの研究の成果を讃えた。ニュートリノ振動の証拠を示した観測は高く評価され、確実な結果として世界の研究者に受け入れられたのだ。

この結果を受けて、２０１５年、梶田氏にはノーベル物理学賞が授与されるのだが、それにもまして、世界がいかにこの発表に震撼《しんかん》したかを示すエピソードがある。

「日本で物理学者がニュートリノに小さな質量があると報告されました」

梶田氏の発表の翌日、アメリカ・近郊にあるマサチューセッツ工科大学の卒業式で突然そう

語りだしたのは、当時のアメリカ大統領、ビル・クリントン氏だった。もちろんこの段階で梶田氏とクリントン大統領には一面識もない。なぜ大統領がニュートリノのことを知っていたのか、梶田氏には皆目見当もつかなかった。

けれどクリントン氏は卒業式の祝辞で、「ほとんどのアメリカ人にはたいした意味もないでしょうが」と前置きした上で、こう続けた。

「このような発見の影響は、実験室に限らず社会全体、つまりは経済だけでなく生活に対する考え方、他者との関係、そして我々の歴史上での位置などに影響を及ぼすでしょう」

まさに未知の鉱石発見の歴史的意義を射抜いた言葉。基礎研究に対するこれ以上の賞賛はない。2015年に授与されるノーベル物理学賞の序章は、すでにこの時に始まっていたと言ってもいいのかもしれない。

「知の融合」が生む未来の「のびしろ」

「梶田先生に初めて川越高校に来ていただいて講演していただいたのは、ノーベル賞を受賞される前、２０１０年の６月のことでした」

そう語るのは、川越高校で長く物理の教壇に立つ阿部宏教諭だ。氏は、次項で語る文科省から川越高校が指定された「ＳＳＨ＝スーパー・サイエンス・ハイスクール」の担当教官として、10年以上にわたってその指導にあたってきた。

ＳＳＨの指定校は、学習指導要領の枠を超えて生徒たちに理系テーマの研究活動を展開させる。３年生になって理系を選ぶ生徒だけでなく、１年生の段階から全校生徒を対象にさまざまなプログラムを用意して、生徒たちの自主的な学びの機会を用意する。さらにＳＳＨの定義には、「大学との共同研究や、国際性を育むための取り組みを推進する」ともうたわれているから、科学界全体を常に見渡しながら、生徒に適した人材を招聘《しょうへい》して校内講演会を企画するのも指導教官の役目の一つだ。

阿部氏に梶田氏の存在を最初に紹介したのは、小柴昌俊氏だった。阿部氏が振り返る。

「小柴先生にはノーベル賞受賞後、２００８年にわが校に来ていただいて講演していただきました。その時自分の弟子でノーベル賞がほぼ確実な研究者が二人いると仰《おっしゃ》って、そのうちの一人が梶田氏だと教えてくださったのです。それを聞いて川高ＯＢでノーベル賞候補が！　と驚いて、梶田先生にもぜひ講演をお願いしたいと思い連絡したら、お忙しい中、実に誠実に対応していただきました。講演が実現したのは２０１０年の6月のこと。『ニュートリノと宇宙と素粒子』と題して、全校講演会をお願いしたのです」

この時を契機として、２０１３年から梶田氏は川越高校のＳＳＨの運営指導委員として、研究者の立場からその活動にアドバイスを送る役割も担った。この関係はＳＳＨの指定が終了した２０１６年度まで続いた。その後ＳＳＨの後継事業として２０１７年度から始まった、川越高校独自の科学振興事業「川高サイエンス探究事業」のアドバイザーとして、２０１９年の現在もその役割を担っている。高校生にとって、ノーベル賞受賞者が直接高校にきて日頃の活動を見てくれる機会は、大きな刺激であることは間違いない。

梶田氏は、川越高校とＳＳＨの関係に関してこう述べる。

「川越高校のＳＳＨ運営委員を引き受ける前から、文科省がＳＳＨというプログラムを始めたことは知っていました。私たちの高校時代にはそんな活動は皆無でしたが、生徒たちがかなりの時間を使って科学の研究活動を行うことはいいことだし、将来その経験は必ず役立ってくると思っています。

もちろん現実問題を考えれば、ただでさえカリキュラムの多い高校時代にＳＳＨの研究活動を入れていくことには難しさも感じます。ややもすれば考察や結論が中途半端になるケースもあるでしょう。けれど高校生の年代でハワイ島実習（次項で詳述）ができたり、第一線の研究者と触れ合えたりする経験は貴重です。われわれのころは研究者とはどんな人たちでどんな活動をしているのか、全く知りませんでしたから。

現在は高校が受験予備校化していますが、受験勉強だけではなくその年代でやるべきことをしっかりとやってほしい。自分のテーマを通して研究活動の基礎を徹底的に身につけてほしいと思います」

阿部氏も梶田氏と川高ＳＳＨのかかわりをこう語る。

「梶田先生は運営委員会で川高に来ては、全人教育の大切さを語っていらっしゃいます。早い段階で理系と文系の進路を決めるべきではない。もっといろいろな学問にチャレンジして進路を決めるべきだというご意見です。そういうご意向もあって、川高ではＳＳＨの活動においても文系の生徒にも学んでほしいテーマを取り入れる『知の融合』（次項で詳述）というテーゼを掲げてきました」

さらに川越高校のＳＳＨ活動のもう一つの特色に、「ＯＢレクチャー」がある。卒業して理系の大学や大学院に進んだＯＢたちが定期的に母校にやってきて、後輩の活動へのアドバイスを行うプロジェクトだ。この活動に対しても、梶田氏はこう述べる。

「ＯＢレクチャーというプログラムは、現役生徒のためだけでなくＯＢ自身にもすごく貴重な経験になっていると思います。学問において、教えることは学ぶこと、テーマを整理することです。後輩に相対することで、ＯＢも鍛えられているはずです」

これらの発言に見るように、科学界の未来を担う人材を養成するＳＳＨの取り組みは、梶田氏にとっても悦《よろこ》びなのだ。なぜなら近年の梶田氏の発言を集めてみると、「ＳＳＨとは対照的に、日本の科学界の将来を慮《おもんぱか》る内容が増えているからだ。

――２００４年の国立大学の法人化以降、運営費交付金は年々減額され大学の研究力は完全に落ちてしまっている。博士課程に進む学生は半分近くまで減少し、文系も含めて日本のリーダーとなっていく人材を輩出しない国になろうとしている。現状では、若い研究者は博士号をとっても定職につきにくい。腰を落ち着けて研究できる環境が急速に失われている。国による高等教育の緩やかな破壊といっていい、等々。

そうした状況下にあって、日本の科学界は今後もノーベル賞を獲得できる環境にあるのか？メディアからの質問に対して、梶田氏は極めて明確に悲観論を述べる。

「今後はいままでのようにはいかないと思います。ノーベル賞は何もないところから何か新しい物を生んだ研究者に与えられる。研究者が自由に研究して今までにない物を生んでいくプロセスが確保されなければ無理です。若い世代の研究者にこの環境を確保しなければ、日本の科学界の将来は非常に厳しいと言わざるを得ません」

いうまでもなくこれらの発言は、自身が歩んできたじっくりと経験を積む「晩成型」の歴史を踏まえたものとみていい。他者と自分を比べることなく、社会の流れに左右されず、目の前の己のテーマにじっくりと取り組む研究スタイル。「何故？」というプリミティブな疑問に対して、納得いくまで真摯《しんし》な研究活動を持続する力。それらを養う努力を国や科学界が継続的に行わなければ、これからの日本のアカデミズムには豊かな未来は期待できない。じっくりその才能を熟成させ「晩成」という評価を得てきた者として、梶田氏は誰よりもそのことを憂いている。

晩成とは言い換えれば「豊かなのびしろ」のこと。いま現在の評価だけではなく、50年先の豊穣なる科学界の姿こそが、梶田氏の課題なのだ。

２０１５年10月６日、日本国中を熱狂させた「ノーベル賞受賞」の報の直後。川越高校では青木勇藤校長と阿部氏を含めた３人の教諭が壇上に並び、深夜にも及ぶ緊急記者会見が開かれた。もちろんそこに梶田氏はいない。それでもメディアは、ノーベル賞受賞者を生んだ10代後半の川越高校での３年間に着目し、そのエピソードをたずねてきたのだ。

後日、川越高校の正門脇には、世界的な偉業を達成した梶田氏を祝して、顕彰碑が建立された。そこには「自然を不思議と思う心」という氏直筆の文字が刻まれている。

同時にそれは、氏がこのキャンパスから世界へと飛翔した、「晩成」という「未来ののびしろ」への、もう一つの記念碑でもあるのかもしれない。

参考文献

・「Technologist's magazine」２０１８年 vol.15
・中日新聞ｗｅｂ、２０１８年10月19日
・「宇宙線研究50年の歩み」、西村純（神奈川大学工学部）
・週刊ダイヤモンド、２０１８年12月８日号
・高校生新聞オンライン、２０１５年11月10日

教科書を超えた科学探求

～縦横無尽の研究がつくる「土台」と「のびしろ」

川高の不夜城、物理実験室

「このペットボトルロケットの「軌道解析」の研究は、２００８年から始まっています。ところが先輩たちの過去のデータがあまり残っていなくて、実験を再現できないので去年（２０１７年度）から新規研究として再開しました」

川越高校のプールわきに建つ理科棟の一階奥にある物理実験室。真冬のある日の放課後、参考文献や実験器具が乱雑に置かれた大きな室内で、３、４人の仲間とともにＰＣを扱っていたのは物理部所属の菊池悠太くん(２０１８年時2年生)だった。机上には2リットル入りのペットボトルを２つつなぎ合わせてつくったロケットと、ＰＣやいくつかの装置が散乱している。

実験ではペットホトルの中に４００ミリリットルの水と空気を入れ圧縮し、加速度センサーを装着して水と空気を一気に噴射して打ち上げる。内圧の違いによって最高高度がどう変わるのか、ロケットが描く軌道を予測する方程式を作成することが目的だ。

室内では菊池くんたち以外にも、約20名の生徒たちがそれぞれに掲げたテーマで実験や作業を行っている。「二足歩行ロボットの製作」、「(卓球ラケットの)ラバーがもたらす球質の違い」、「水素原子スペクトルの測定」等々。

集まっているのは物理部の生徒だけではない。「川高サイエンス探究」と呼ばれる、2006年度から11年間続いた文科省指定の「SSH＝スーパー・サイエンス・ハイスクール」プログラムを引き継いだ活動に参加する、主に理系の生徒たちだ。ペットボトルの軌道解析の実験は、SSH時代の先輩から引き継いだ研究なのだ。菊池くんが続ける。

「先輩の実験では、ロケットに搭載した加速度センサーがロケットの衝撃に耐えられなかったみたいです。今年度は新しいセンサーを自分たちで組み立てて、「メイド・バイ自分」で行っているところがポイントです」

――活動内容は物理の授業の内容とマッチしているのですか？

「いえ、解析に使う数式や方程式は授業ではほぼやらないところです。基礎部分は授業でやるけれど、あとは自分たちで大学生用の参考書を買ってきて勉強します。基本的に先生が教える授業スタイルではなくて、自分たちで自主的に学んで、わからないところは先生にきくというスタイルです」

――具体的に実験内容を教えてください。

「打ち上げたロケットの最高高度を三角測量をつかって測定します。理論値と実際の高度を比較して、なぜその差が生まれたのか？　なんのデータが足りないのか？　どこで差が出るのかを調べて、自分たちの理論を打ち立てるのが目標です」

菊池くんの傍《かたわ》らでは、半袖半ズボンスタイル（！）で、小さなチップを基盤に組み込んで2センチ四方の装置を作っている生徒がいた。原田尚紀くん（同2年生）だ。

「彼は一年中、真冬でもこのかっこうなんです」と周囲からからかわれているが、本人は平然と、「全然寒くありません。通学のときもこの格好です」。

「センサー自体は既存のものを買ってきますが、自分でチップを組み立てて、マイクロSDカードにデータを保存してPCで解析します」。

生徒たちは1年次の後半から2年次にかけて、自主的に掲げたテーマを教師の指導を受けながら研究し、3年次5月の全校発表、10月の論文作成へとつなげていく。研究活動は物理に留まらず、生物、地学、化学の分野でも行われている。

「サイエンス探究」の授業は月曜日に50分間行われる。生徒の自主研究はそれ以外の曜日の部活動の時間に行われ、物理部の場合、平日は毎日。週末は土曜日に6時間。日曜日は休みといったサイクルだ。だから物理実験室は、校内で最も遅くまで明かりが灯る教室の一つなのだ。

「知の融合」を目指すSSHプログラム

現在行われている「サイエンス探究」の源流として06年度から11年間展開されたSSHは、文部科学省が2002年度に始めた事業だ。全国約5500の高校から約200校が指定される。その定義は「高等学校等において、先進的な理数教育を実施するとともに、高大接続のあり方について大学との共同研究や、国際性を育むための取り組みを推進する」。指定は1ターム5年間、トータル約5000万円の予算と一人の教員の加配が保証される。

このプログラムの活動内容は、実に多岐にわたる。2タームにわたって指定を受けた川高が実施した活動を列挙してみよう。（※は川高サイエンス探究として、一部内容を変えながらも継続中）

・**「スーパーサイエンス基礎Ⅰ」**※　1年生全員対象

▼総合的な学習の時間に実施、外部講師を招いて科学講演会と高校の範囲を超えた科学講義、テーマ研究を行う。前項で述べた東大宇宙線研究所所長の梶田隆章氏がノーベル賞受賞前の2010年6月に来校し、「ニュートリノと宇宙と素粒子」をテーマに全校講演会を開催したのはこのプログラムだった。

・**「スーパーサイエンス基礎Ⅱ」**※　2年生希望者対象

▼1年次後期から授業とは別に「地球環境とエネルギー」「生命と物質」「物質とテクノロジー・情報」「数学」の4分野5コースにわかれて、高校の範囲を超えた科学講義、実験、テーマ研究、発表、研究報告書作成を行う。冒頭に記した「ペットボトルロケットの研究」は、この活動の一環として行われているものだ。

・**「スーパーサイエンス探究」**※　3年生希望者対象

▼1、2年時の研究活動の総まとめを学術論文形式で行う。

・「スーパーサイエンス海外研修」 1年生希望者対象
▼夏休み中に行われるハワイ島での4泊6日の研修活動。毎年選考を経て8～12名が参加した。

・「スーパーサイエンス特別講座」 ※ 全学年希望者対象
▼学外から第一線の研究者を招聘して講演会の実施。後述する「科学英語プレゼンテーションセミナー（ギャリー先生の講座）」等が行われた。

・科学展等研究発表会への参加※
「SSH生徒研究発表会全国大会」への参加。

「川越高校SSH生徒研究発表会」
▼毎年5月に全校生徒が集まって、口頭発表7研究、ポスター発表44研究が行われる。

・科学系コンテストへの参加※
▼「物理チャレンジ」、「国際物理オリンピック」、「日本地学オリンピック」、「国際地学オリ

ンピック」、「ロボカップジュニア世界大会」、「ロボカップジュニア全国大会」、「日本生物学オリンピック」、「化学グランプリ」、「日本学生科学賞」、「高校生科学技術チャレンジ」、「科学の甲子園」等へ、代表生徒が参加した。

・**地域連携事業※**

「冬休み科学教室」※

▼冬休みの一日、学校を開放し、川越女子高校、川越南高校、川越初雁高校、川越総合高校等とコラボレートして、市内の小中学生と保護者を招いて各種科学教室を開催している。

「ハワイ島実習4校研究発表会」

▼ハワイ島で実習を行う早稲田大学高等学院、都立戸山高校、茨城県立並木中等教育学校、茨城県立竜ケ崎第一高等学校と合同で、全て英語での研究発表が行われた。

「夏休み自由課題相談会」※

▼市内の小学生の夏休み自由研究のテーマや研究内容について、川高生がアドバイスする相

談会を実施している。

「小中学生の高校理科室訪問」※

▼夏休みに小中学生と保護者を高校に招き、理科室見学と科学実験教室を行っている。

その他にも、国内での各種研究施設の見学や宿泊研修等、年間を通して毎月4、5本、トータルで約30本もの行事が組まれている。もちろん9月の「くすのき祭」での部活動の研究発表や、夏の「全国高等学校総合文化祭」での研究発表活動等もある。理数系各分野の第一線の研究者との出会いも含めた、研究活動の専門性を深める「縦方向への展開」と、各種コンテストへの参加や、他校や地域内の小中学校を含めた外部組織との連携を図る「横方向への展開」が計られる。ずいぶん手厚く、周到に計画されたプログラムだ。

しかもこのプログラムは理数系のテーマではあるが、対象は理系の生徒に限らない。当初から9年間にわたってこのプログラムの責任者を務めた、物理担当教諭・阿部宏氏はこう語る。

「川越高校SSHが掲げた大テーマは『知の融合』です。理数系の人材育成だけでなく、文系に進む生徒も広い視野をもった人材を育成することを目標としました。指導する教職員は理系の教員が中心にはなりますが、文系教員も事務職員も全員で取り組みました。予算管理は事務室が行う。国際性の育成は英語の教師がプランを考える。科学と倫理のテーマでは社会科の教師が講師を呼んでくる。表現能力育成や論文の書き方は国語の教師が担当する。学校全体で、将来国際的に活躍できる人材、研究者をどうやったら育てられるか考えて、事業を具体化していったのです。

理系の生徒には、専門オタクになっては意味がない。子どもにもわかるようなやさしい言葉で専門分野が語れないといけないと指導しました。文系の人間にも、将来政治や行政にかかわる人たちは梶田さんのニュートリノ振動の発表のあとのクリントン大統領のように、科学の最先端の研究にも敏感になってほしい。原子力問題や地球温暖化問題、公害の問題等、科学技術の暴走は世界の破滅に繋がります。自分の問題として科学を考える人になってほしいとプログラムを組みました」

昨今の教育界の話題の一つに、文系大学学部の受験科目への数学の必須化がある。文系の学生にも、理系の知識や興味が必須であることは、社会人になれば当然のことだ。川越高校では、早い段階で「知の融合」というテーマで文系理系を超えたリベラルアーツ教育が目指されていた。社会課題の先取りが行われていたのだ。

公立高校の危機感から導き出された高校教育の王道

そもそも川越高校が文科省のSSHに申請したのは「危機感」からだった。2000年代に入ってから、公立高校は大きな壁にぶちあたった。少子化による生徒数全体の減少。入試制度の「全県一区化」による受験生の質の低下への懸念。中高一貫制度や受験対策強化をうたう私立高校の台頭。深刻化する進学実績の低迷等々。それまで埼玉県西部地区では自他ともに認める進学校であった川越高校においても、地盤沈下は深刻な状況だった。当時の状況を、2002年から06年まで校長を務めた菊池建太氏はこう振り返る。

「私が赴任した2002年には、8月に当時人気だった映画『ウォーターボーイズ』がテレビ放送されて、テロップで『埼玉県立川越高校水泳部が文化祭で行うシンクロナイズドスイミングがモデルです』と流れました。そのことでこの年9月のくすのき祭では、史上最高3万人を越える観客が集まった。学校としての認知度は上がったのですが、一番危機に感じたのは03年の入試から全県一区制度になったことです。それまで川越高校を受験していた西部地区の優秀な生徒が浦和や大宮方面の高校に流れてしまうのではないか。もちろん中学入試の段階で中高一貫の私立校に流れる生徒もいます。つまり人気は出たけれど、このままでは地頭のいい優秀な生徒がこなくなるのではないか？　なにか学校の魅力をつくらなければいけない。そういう状況を考えて、ＳＳＨへの申請を決めたのです」

菊池氏の提案を受けてＳＳＨの責任者となった阿部氏はこう振り返る。

「菊池校長から頼まれたのは、川越高校を地域の小中学生にとって魅力的な学校にするためにＳＳＨをやってほしいということでした。それ以前から難関大学への進学実績はゆるやかに低落傾向にあることはわかっていました。伝統にあぐらをかいてしまって、改革がなおざりになっていた。伝統は守るものではなく常に変え続けるもの。何もしなければじり貧であることはわかりきっていましたから、ＳＳＨにチャレンジすることで志の高い生徒をとりたい。そういう生徒に入学してほしい。高校時代から本物の研究者に会ったり教科学習を超えた研究活動を行うことで、将来国際的に活躍する人材を輩出したい。そういう活動を続けていれば、結果的に進路実績もついてくるはずだ。それが高校教育の王道ではないか。職員の有志と管理職が集まって『川高はどんな高校を目指すのか』を議論した末にＳＳＨへの申請を決めました」

もちろんこれだけのプログラムを通常の授業とは別に展開するためには、生徒にも相当の負荷がかかるが、教師もまた大きな負担を背負うことになる。リーダーとなった阿部氏は、「通常の授業の時間は週に4時間だけに減らしてＳＳＨに取り組んだ」という。だがその実態は、年間の休日は盆と年末年始の数日程度。帰宅は連日22～23時になることはざら。年間を通して生徒の研究活動の指導、個別授業（ゼミ）の実施、外部講師や外部組織との交渉、報告書の作成、予算立案や金銭管理等、さまざまな作業に忙殺されたという。

「それでも、そういうしんどい思いをしたからこそ、こんな教師冥利《みょうり》のこともあるのです」

取材に訪れた日、物理研究室で阿部氏が取り出したのは、「ケミカルジオロジー」という、地球化学分野の世界的な学術誌だった。そこには「Ｋｅｉｓｈｉｒｏ Ａｚａｍｉ」と、ＳＳＨ４期生の名前が書かれている。２０１９年現在東京大学博士課程２年生、海洋地質をテーマとする研究者・浅見慶志朗氏の学術論文だ。世界的な学会誌に自分の論文が載ったことが嬉しくて、ＳＳＨ時代の恩師である阿部氏に寄贈したという手紙が添えられている。

浅見氏に限らず、川越高校時代にＳＳＨを経験したＯＢたちは、現在どんな活動を展開しているのか？　さっそく浅見氏ともう一人、ＳＳＨ１期生の原田了氏を訪ねて、当時の活動を振り返りつつ現在の研究活動の様子を語ってもらうことにした。

SSHのOBたちの黄金の記憶

「ぼくは2009年の入学でSSH4期生ですが、中学時代から川越高校に行けばSSHがある、それがウリだと知っていて憧れて受験しました。実際に他校ではできない地学の研究活動が、自分のやりたい放題好きなだけできる環境がありました。実験に必要な高価な装置類も先生に相談して認められれば買ってもらえましたし、3年間理科棟の地学研究室にどっぷり漬かって、川高を卒業したというよりもSSHを卒業したと思っているほどです」

東大本郷キャンパスで会った浅見氏は、そう言って笑顔をつくった。

現在の研究テーマは、高校時代から興味のあった深海の鉱物資源であるマンガンクラストやマンガンノジュールの化学組成の解析。東北大学理学部を卒業し、現在は東大の博士過程に学ぶ学生ではあるが、日本学術振興会の特別研究員に認定され、国から給与と研究費を与えられている。世界で7隻しかない大深度有人潜水調査船「しんかい6500」の第1520潜航に乗船して、深海調査も行った。

もう一人訪ねたOBは、東京大学大学院博士過程を19年3月に卒業し、同年4月から東京大学宇宙線研究所の特任研究員となる原田了氏だ。前項で書いた梶田氏が所長を務める研究所の一員となる直前に会った原田氏は、川越高校時代のSSHの思い出をこう語る。

「川越高校時代のSSH活動は、現在のぼくの血肉であり全てといってもいいと思います。SSHで鍛えたものを基礎として、目的意識も夢も能力も、全てを大学と大学院時代に鍛えた結果いまのぼくがある。研究職につきたいと思ったのは、SSHでの研究活動やそれを通して参加した物理チャレンジ（後述）の結果だったし、SSHで研究した「天体のスペクトル」からの歩みを進めて宇宙線研究所の研究員となりました。高校時代に何人もの学界の第一人者の先生方に出会えたことも貴重な経験でした」

二人とも手放しでSSHを経験できた高校時代を賛美する。そんなにもSSHは充実したプログラムだったのか？　はたしてどんなことを経験したのか？　その具体的な内容を、二人に語ってもらおう。

事前レクチャー400時間、毎年4、5テーマを持参するハワイ島実習

SSHに指定された1年目から人気プログラムになったのは、1年次の夏休み中に行われる

「ハワイ島実習」だった。地質学や天文学等、様々なテーマが学べるハワイ島実習は、ＳＳＨに指定された先進校ですでに行われていた。マウナケア山の山頂に設置された世界最大級の「すばる望遠鏡」には、川高ＯＢが技師として働いている。そんな縁もあって、初年度から実習プログラムが組まれた。

新学期が始まってすぐに開かれる説明会。ここに集まった希望者は、実習への希望を日本語と英語でプレゼンテーションする課題が課せられ、毎年８～12名程度に絞り込まれた。

出発前の事前レクチャーは約４００時間。浅間山等にも出かけ、フィールドワークを繰り返す。２年目には、前年度に参加した先輩から現地での実習のレクチャーを受ける取り組みも始まった。そのやり方が代々伝承されて、現在ではＳＳＨと川高サイエンス探究で伝承されている研究プログラム全体について、ＯＢが現役生にアドバイスする「ＯＢレクチャー」という制度が定着している（後述）。

ハワイ島実習の参加費は一人約40万円。そのうち約半額はＳＳＨの予算から賄《まかな》われた。

この実習での体験を、浅見氏はこう振り返る。

「現地では、『血中酸素濃度と人間の能力の関係』をテーマに実験しました。マウナケア山に登って高度が高くなると血中酸素濃度が減っていく。その時どのくらい人間の運動能力は低下するのか？　さまざまな高度で落下する定規をキャッチさせてその長さを計ったり、計算問題をやらせてデータをとりました」

原田氏はこう振り返る。

「現地ではマウナケア山の中腹の標高２７００メートルのオニズカ・ビジター・センターで天体観測をしました。阿部先生が流れ星をみつけて、『あれっ！』と言って振り向いてから肉眼でも2、3秒は星が見えた。そのことが凄く印象に残っています」

研究テーマは二人一組になって、全体としては4、5テーマを持っていく。引率するのは教師二名、現地通訳もつく。

帰国後は9月に行われるくすのき祭で研究報告をしたり、やはりハワイ島実習を行った他校と合同で報告会を開いたりして実習の成果をシェアした。阿部氏によれば、「この実習への参加者が、その後のＳＳＨ活動のリーダーとなる傾向が続いた」という。

先生とはちがう「ナナメの関係」、OBレクチャーの効用

ハワイ島実習の第1回の参加者だった原田氏は、2年時の春に後輩に自分たちの経験を話す機会をもった。

「阿部先生の発案だったと思いますが、ハワイ島実習の体験談や気をつけるべき点、準備のポイント等を話しました。それが毎年恒例となって卒業したOBがレクチャーを開くようになったのです」

浅見氏が入学した時は、上に3世代のOBがいた。

「大学生だった原田さんもいらしてくれて、ハワイ島実習のことだけでなく入試のアドバイスや大学での研究のこととかも話してくれました。ぼくが卒業後に川高を訪ねるようになったころにはすでに就職したOBもいましたから、OB同士で研究人脈を広げたいという思惑もあったと思います」

原田氏も浅見氏も、大学や大学院時代を通して、可能な限りOBレクチャーに参加している。生徒たちにとって、研究職の現場の声を聞くことがどんなに意義があるか、自分たちの経験を通してわかっているからだ。

現在は年に一回、阿部氏が日程を決めてOBに声をかける。現役生よりもOBの層が厚くなった今、その日はOB懇親会、あるいは阿部氏や教員たちを囲んでの「同窓会」にもなっている。

現役物理部の菊池くんは、OBとの出会いをこう語る。

「OBレクチャーだけでなく、研究室にはいろいろなタイミングでOBが来てくれます。ペットボトルロケット実験の経験者もいて「いまどんなテーマで研究してるの?」「わからないことはない?」と聞いてくれたりします。進路のことも自分の体験から話してくれるし、先生とは違うナナメの関係で話せるので、とても貴重な機会だと思います」

高校3年間、やりたい放題の研究活動

在学中の浅見氏は地学部に入り、SSHでの研究を部活動としても展開した。

「地学部では先輩の研究を引き継いで、川越市内のヒートアイランド現象を調べました。車に温度計をつけて親や先生に運転してもらって市内を1時間ぐるぐる走り、どこの気温が高いか低いか、季節によってどう変化するか調べました。3年生のときは後輩たちと一緒に小さなモ

デルの町をつくって、ヒートアイランド効果を再現する実験も行いました。ＳＳＨの授業では『土壌の植生』の研究も行いました。いろいろな場所の土壌を採集してきて、太陽光や水を与えてどんな草花が生えるか調べるのです。

とにかく研究活動はやりたい放題で、ＳＳＨの予算で購入した器具を使って様々な実験を行いました。例えば海洋でクロロフィル（植物プランクトン）濃度が少ない原因を探ると、鉄分が足りないことが多い。そこで鉄とクロロフィルの濃度の関係を調べるために、川から水を汲《く》んできて分光計を使って調べました。その時使った、光を水の中に通してどれくらい吸収されたか調べる機械は約１００万円もする高価なものでしたが、ＳＳＨの予算で買ってありました。研究室は本当に様々なテーマを実験できる環境が整っていました」

原田氏は、１年次に行われた講演会活動が印象的だったという。

「１年生の時には、東京大学で宇宙理論を専攻されている須藤靖先生が講演してくださいました。後日講演のレジュメを見せていただいたことで、その後の研究のモチベーションになった。在学中にはX線の牧島一夫先生や、卒業後も吉田直紀先生といった日本のトップの先生方の話も聞けました。全校対象の講演では、ノーベル賞の小柴昌俊先生や「科学と非科学の間」をテーマにした立命館大学の安斎育郎先生の講演もありました。そういうお話を直接聞けたことで、研究者になりたいというイメージを膨らませていきました」

全国の各種コンテスト、そして世界大会へのチャレンジ

「川高に入学して地学部に入ったときに、3年生の先輩が地学オリンピックという世界大会に出場しているのをみて自分でも参加したくなって準備の勉強をはじめました」

浅見氏が振り返る。

「ところが1年生の秋に受けた参加試験で落ちて、それが人生で初めて試験に落ちた体験だったのでめちゃくちゃ口惜《くや》しくて、必死に勉強して2年生で受かって代表になりました」

氏の高校時代3年間は、すでに述べたようにSSHと地学部での活動、そして最初の試験で「人生初落第」した地学オリンピックへの参加がほとんど全てだったようだ。

「2年生の秋の試験で国内代表に受かって、その後強化合宿があり、世界大会は3年生の秋に開かれました。この大会に全国から応募したのは約1000人、その中から4人が日本代表となります。その一人に選ばれて、神奈川県内で合宿して岩石を見分ける実習をやったり気象予

報士から気象学を学んだりしました」

世界大会はイタリアのモデナで行われた。現地で組まれた野外調査のための「国際チーム」には、日本代表以外にクエート、スリランカ、アメリカ、ベラルーシの高校生が集まった。

「イタリア北部には氷河によってできた谷があったり、地質的にすごく面白い地域なんです。野外の地層を観察するだけでなく、モデナ市内の古い喫茶店の石柱にテープがはってあって、その中の鉱物の種類と割合を判定しろ、という問題もありました。国際チームでプレゼンするときには、英語が母語の子もいるし英語を喋《しゃべ》らない子やロシア語しかできない子もいて、とりまとめるのにとても苦労しました」

大会は一週間。その間参加者はモデナ大学の学生寮に宿泊し、交流を重ねながら現地の大学生のガイドで各地を巡って野外巡検を実施した。

その結果、浅見氏は個人部門で銀メダルに輝いた。上位の1割が金メダル。2割までが銀メダル。国別の獲得数では、韓国、台湾についで日本は3位の成績だった。

一方原田氏は、物理チャレンジと呼ばれる国内の物理コンテストに参加した。1年次夏のハワイ島実習が終わり、秋からSSH探求と呼ばれる研究活動を始め、冬の始めころに阿部氏から「物理チャレンジに参加しないか？」と声をかけられた。川越高校からは初参加だった。

大会は予選が2年次の6月に行われ、本戦は夏休みに筑波大学で5日間、理論問題と実験問題が5時間ずつ課される。この時ネックになったのは、物理の授業が始まるのは2年次からで、物理の全範囲から出題される予選に準備が間に合わないことだった。

「そのために1年生の2月から、放課後に阿部先生が個人的に物理を教えてくださいました」と、原田氏は振り返る。部活動が終わったあと17時から20時頃まで、阿部氏による物理のゼミが始まった。阿部氏が物理Ⅰ、Ⅱの教科書の全ての内容を網羅したプリントを刷る。5月までの3カ月間で2、3年の全ての範囲を終わらせるために、急ピッチで指導は続いた。

「授業の物理では微分は扱わないのですが、物理をやるうえでは必須だと阿部先生が仰って、その勉強もしました。三角関数もベクトルも、学校の授業でやる数ⅡBの範囲を超えて教えていただいた。週末にも学校にきていたように記憶しています。問題がわからなくてぼくが質問を始めると、終了が終電近くになったり、電車がなくなって家の人に車で迎えに来てもらったりしたこともありました」

この結果、2年次の大会では一つ上の物理部の3年生が銅メダル、原田氏は優良賞に輝き、世界大会「国際物理オリンピック」の日本代表候補に選出された。翌年も参加し、見事に金メダルに輝いている。

ＳＳＨ11年間、及びその活動を引き継いだ「川高サイエンス探究」での全国、世界大会の成果は以下の通りだ。

07年の物理コンテスト銅賞（個人）、08年金メダル（個人）、09年国際地学オリンピック銀メダル（個人）、全国ＳＳＨポスター賞（チーム）、10年全国物理コンテスト出場（個人）、銀賞（個人）、優良賞（個人）、地学オリンピック優秀賞（個人）等、毎年全国大会、世界大会への出場者や入賞者を輩出。13年には、文科省によるＳＳＨ活動の評価で全国トップのＡ評価も獲得した。「川高サイエンス探究」に引き継がれた17年以降も、全国総合文化祭自然科学部門３位、ロボカップ全国大会４年連続出場等、生徒たちの活躍は続いている。

こうした活動を展開する中で、在学中の原田氏には一つの強い思いが芽生えたという。

「ＳＨの一連の取り組みの中で将来研究職に就きたいという思いが強くなりました。中でも研究環境がいいのはやはり旧帝大、宇宙関係を目指すなら東大がいいと阿部先生から聞いたので、自然と東大を目指すようになりました」

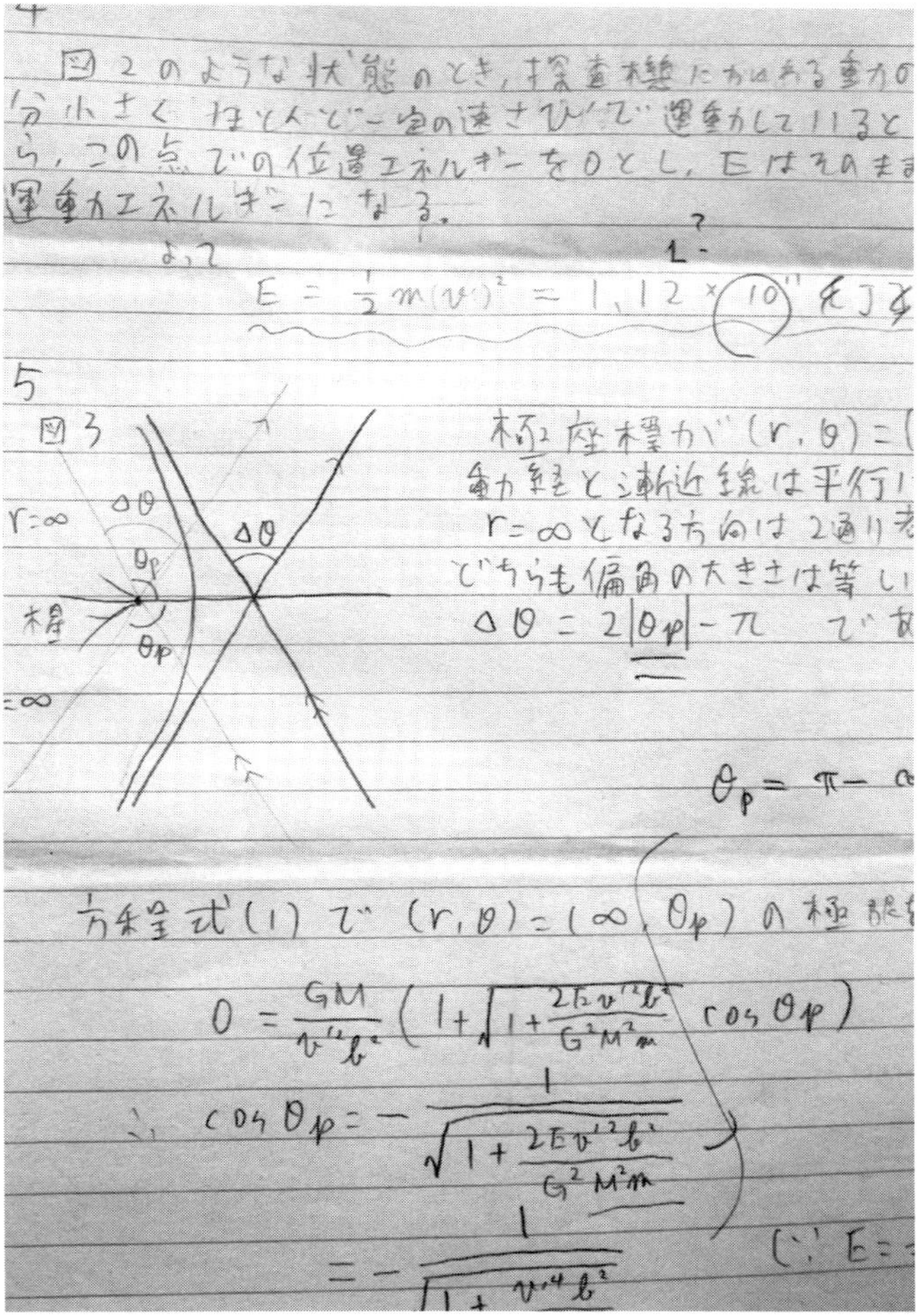

原田氏が授業範囲を超えて勉強していた高校２年生当時のノート。原田氏曰く「このページは、はやぶさなどの探査機が木星の運動エネルギーを利用してより遠くへ飛ぶ、スウィングバイと呼ばれる手法の理論的背景を書いた部分です」

ＳＳＨ活動は大学進学に不利なのか？

　ではＳＳＨ活動と進路実績、受験との関係はどうだったのだろう。

　校内での研究活動や校外で開かれるコンクール活動は、いわゆる「受験勉強」の範囲からは大きく逸脱している。まして活動は3年次の秋ごろまで続くから、受験勉強には「邪魔」だという見方もできる。ところが少なくとも二人からは、そんなネガティブな発言は聞かれない。

「在学中の早い段階から、ＳＳＨの活動を通して研究職に就きたいという希望をもちました」

と、浅見氏は言う。

「いろいろな研究機関に行き本物の研究者と出会ったことで、漠然としていた研究者像が職業として想像できるようになった。マンガンクラストを対象とした研究がしたいという思いが強くあったので、目指すべきはその研究ができる東大、東北大、広島大でした。阿部先生からは研究活動をやるなら旧帝大がいいとアドバイスもいただいたので、科学オリンピックへの参加がＡＯ入試で認められていた東北大に進むことにしました」

　原田氏は、阿部氏とおこなった個人ゼミという方法を、受験でも使っている。

「東大を目指す受験勉強は、物理に関してはＳＳＨや物理チャレンジの勉強で大丈夫だと思っていました。他の教科に関しても、阿部先生のように個人ゼミをお願いしました」

3年次になってから、原田氏は東大を目指す何人かの仲間と各教科の先生を訪ねた。国語、英語、数学、倫理、化学等、どの先生もスケジュールさえゆるせば、二つ返事で個人ゼミの開催をオーケーしてくれたという。

この個人ゼミに関しては、別の証言もある。現在教頭を務める市川京氏はこう語る。

「私が教員としてこの高校に赴任したときに、新任者面談で当時の校長に、生徒から個人的に指導を頼まれたらよほどのことがないかぎり引き受けるように、と言われました。川高では受験のためだけでなく、生徒が企画する「自主ゼミ」と呼ばれる学びの伝統が引き継がれているようなのです」

このことは、6章で詳述する60年代末期の学生運動期に制定された生徒憲章の存在や、そこに謳《うた》われた「服装自由化」といった「自主自立の校風」にも由来している。当時は生徒が企画する「自主講座」が開かれ、哲学や外国文学、社会問題等がテーマとなった。その伝統が、現在も続く「自主ゼミ」に引き継がれていると見ていい。

いずれにしてもSSHやそれにまつわる活動は、生徒たちのモチベーションアップや受験実績にも大きなプラスの影響を及ぼしたことは間違いない。阿部氏が言う。

「SSH11年間の統計をとってみると、研究活動にがんばった生徒ほど受験実績もあがったという結果が出ています。SSHは受験の範囲を超えた研究活動だという批判はありますが、がんばった生徒ほど的確に進路を選べる。将来の目標がしっかり持て、その結果難関大学に入っていく。SSHにかかわった生徒ほど難関大学への合格率が有意に高かったというデータも出ました」

高校時代に築く「土台」が大学入学後の「のびしろ」となる

それだけではない。二人の体験を聞くと、SSHの経験が生きたのは大学に入学後のことだという。つまりSSH活動は「受験のその先」を目指すものであり、次のステージで活躍する「のびしろ」を養成するものでもあったのだ。浅見氏が言う。

「大学に入って思ったのは、他校出身の同級生との違いです。彼らはレポートが全く書けない。書き方がわからない。ぼくらはSSHでさんざんダメ出しされながら何十本もレポートを書いてきましたから、大学でもそのフォーマットでレポートすればいい。SSHではギャリー先生という名物先生がいて、英語でのプレゼン方法を5日間みっちり教えてもらいました。英語での発表、パワポの使い方、ボディランゲージの方法等は、国際的な学会でも必要な能力です。同級生は大学での授業を受けながら研究者としての土台をつくらないといけないのに、ぼくらはすでに土台ができていてその上に研究を積み上げられる。この差は大きいと思いました」

原田氏もまた、ギャリー氏の講座を引き合いに、SSHのアドバンテージをこう語る。

「物理学科のときの五月祭で研究発表の展示がありました。その時、プレゼンの練習会で同級生の発表があまりにひどかったので、ぼくが講師になってプレゼンのやり方を教えたんです。『プレゼンゼミ』というタイトルで、ギャリー先生の講座のノートを見返して整理しました。そんなことを高校時代から習っていたのは学部内ではぼくだけでしたから、友人たちからもとても喜ばれました」

それ以外でもSSHの経験は大きかったと原田氏は言う。

「大学入試の成績は平均点程度だったはずです。でもすでに高校時代から研究職になるという強烈な思いがありましたから、東大合格では満足しなかった。周囲では満足して力を抜く人も少なくないのですが、3年時に希望する理学部にいけるように、1、2年時も目的意識を持って勉強を続けることができました。大学院で高校時代から希望していた宇宙物理に進めたのも、そういう経緯が大きいと思います」

面白いことに、現在の東京大学の大学院には、他大学に進んだ川高生が修士や博士課程で入学してくるケースがしばしば見られるようになった。もちろん他の大学や大学院で研究職を目指して研究を続ける者も少なくない。阿部氏は、SSHを続けた11年間で70〜80人が国内外で研究職を目指している、あるいはその職にすでに就いているはずと言う。目先の受験実績だけでなく、その先の世界で確実な歩みを進めるために、SSHやサイエンス探究を経験する川越高校の3年間は、強固な土台づくりの時間になっているのだ。

阿部氏は、SSHを引き継いだ「川高サイエンス探究」の取り組みをこう語る。

「SSH活動は、教員の過大な負荷等いろいろな課題を含んでいたことは確かです。3ターム目にも申請しましたが、他校を指定するためか認定されませんでした。とはいえSSHは02年から続く文科省の取り組みで、いずれは廃止の時が来ます。そうなっても川高では理数系の学びを続けるために、早い段階から「川高サイエンス探究」として独自の取り組みを展開することにしました。同窓会と後援会から年間100万円の援助をいただき、現在の活動を展開しています」

SSHという「熱量」を経験した浅見氏も原田氏も、「自分はSSHの卒業生」と自然に語る。その記憶こそが、多くの卒業生たちの「のびしろ」になっている。危機感から始まったプログラムは縦横に枝葉を伸ばし、いままさに、正門脇に聳《そび》えるくすの木に並ぶ大樹になろうとしている。

2

没頭する力

奥泉 光 氏（芥川賞作家）

～高校時代は好きなことをとことんやりぬくためにある

Profile

奥泉 光（おくいずみ・ひかる）

1956年生まれ。山形県出身。川越高等学校74年卒。国際基督教大学教養学部卒業。同大学院修士課程修了。

1986年「地の鳥 天の魚群」でデビュー。93年『ノヴァーリスの引用』で野間文芸新人賞、瞠目反文学賞、94年、『石の来歴』で芥川賞、09年『神器―軍艦「橿原」殺人事件―』で野間文芸賞、14年、『東京自叙伝』で谷崎潤一郎賞、18年、『雪の階』で毎日出版文化賞、柴田錬三郎賞を受賞。

主な作品に、『葦と百合』『バナールな現象』『「吾輩は猫である」殺人事件』『浪漫的な行軍の記録』『モーダルな事象―桑潟幸一助教授のスタイリッシュな生活―』『シューマンの指』『桑潟幸一准教授のスタイリッシュな生活』などがある。

夢は作曲家バート・バカラック

後に芥川賞作家となる奥泉光（本名・康弘）氏（1974年卒）の少年時代。夏目漱石の『吾輩は猫である』や「世界名作文学」に収録されたジェローム・K・ジェロームの『ボートの三人男』などを小学生時代から読みふける早熟さをもちつつ、もう一方では音楽と共にあった。中学に入る前からウクレレやギターを弾き始め、中学ではフルートやピアノを演奏する楽しみを覚えた。ＦＭ放送の魅力を知り、クラシック、ジャズ、ロック、ポップス、何でも聴きまくる日々。

後年、「少年時代はＮＨＫの大河ドラマの音楽をつくる人になりたかった」とも発言している。作曲以上にアレンジということに関心が出た。同じ音楽でもコード進行やリズムを変えることで全く別の曲に生まれ変わる面白さを知って、コード理論を独学で学んだり、バークリー音楽院のメソッド本を漁《あさ》ったり。作曲家バート・バカラックになるのが夢だったとも言う。

その頃の夢の片鱗は、のちに「人生はアドリブだ」というテーマで書いたジャズ小説『鳥類学者のファンタジア』や、ミステリー仕立てで作曲家シューマンの魅力を描いた『シューマンの指』といった作品に結実している。ジャズピアニストの山下洋輔氏は『鳥類学者～』の主人公、ジャズピアニストのフォギーが演奏する曲のコード進行や演奏の描写を指して、「すごくリアルだ」と絶賛したという。

そんな少年が、川越高校を選んだのも「音楽」が理由だった。3年間の思い出をたずねると、どこから切っても音楽の話しか出てこない。吹奏楽部でフルートを吹き、教室では授業中も楽譜を書き続ける日々。

まさに10代後半、大好きな音楽と共にあった「黄金の3年間」。後に奥泉文学に結実する感性は、ここで育まれたと言っていい。

朝練、放課後練習、授業中も譜面作り

「川越高校時代の記憶は、吹奏楽部に尽きます。いまだに先輩、後輩含めて多くの仲間とつきあっています。とにかく音楽ばかりやっていた3年間でした。顧問は松本成二先生でした。吹奏楽部は松本先生が立ち上げたクラブで、ぼくらは第11期にあたります。埼玉県の吹奏楽コンクールでは常勝を誇っていて、先輩の8期から後輩の16期あたりまで、ずっと連覇をしていた

時代でした。クラブ自体が100人を越える大所帯。ぼくは当時からフルートを吹いていましたが、いまもときどきやっている演奏の原点は川越高校時代にあります。

もともとの生まれは、母方の実家があった山形でした。育ったのは東京と埼玉で、小学校入学前に所沢に住み出しました。中学でも吹奏楽に入っていて、そのときはチューバを吹いていましたが、埼玉県西部地区の大会に出ると、トリをとるのが川高の吹奏楽部で、その演奏がかっこよかった。あのクラブに入りたいと思って、進学では川高を選びました。入学して吹奏楽部に入部したら、そうやって憧れて来た同級生がほかにもいて、個々の演奏のレベルも高かったと記憶しています。入部してからは、ジャズが好きになって、定期演奏会などでも、ジャズやポップスのナンバーを演奏しました。

あの3年間はほとんど勉強していなかったな。朝は6時起きして学校で朝練をしていたし、授業中は隠れて譜面を書いていて、先生の話はほとんど聞いていませんでした。どのクラブ活動も盛んだったから、多くのクラスメートが授業中は半分寝ていたんじゃないかな？　授業や先生にもよりますが、そんな記憶があります」

全然勉強しなくても成績上位の「変わったやつ」

「奥泉は最初から変わったやつだなと思っていました」

吹奏楽部の同級生、三宅伊智朗氏は当時の思い出を語る。常に言うことが常人離れしていた。同じ所沢出身なので部活動後西武線で一緒に帰宅するが、「ミステリー小説を千冊読む」「寝ている時に夢をみたらすぐに枕元に置いたノートに書き留める」と言っていた。フルートはハービー・マンが好きで、よくセッションした。天才肌で、全然勉強しなくても常に学年で50番以内に入っていた。

それが三宅氏の中にいまもある、高校時代の奥泉氏の記憶だ。

三宅氏は15歳からジャズギターに目覚め、川高吹奏楽部時代はチューバとダブルベースを担当した。ジャズやポップス系の曲を演奏するときは、もちろんギターも弾いた。

卒業後は一浪して一橋大学へ。ジャズ研でギター弾きまくりの4年間を過ごす。卒業後清水建設に入社してエジプトやフランス駐在を経験。その後シティ・バンクに移りニューヨークへ。

帰国後は奥泉氏や、やはり同級生で芸大に進みピアニストになった椎野伸一氏らとファンクバンド「ファンキーセブン」を組み、年に一度「おやじバンド」の演奏会を続けていた。

ジャズギター演奏活動を続けつつ外資系金融機関で働き、生命保険会社、信用格付機関では12年間にわたり代表取締役も経験。現在は料理研究家のご夫人の経営するフレンチレストラン「二ツ木町倶楽部」で、オーナー兼音響監督をしている。

「吹奏楽部は音楽も楽しかったけれど仲間が楽しかった」と三宅氏は振り返る。学校で誰よりも長く一緒にいる仲間たち。放課後の練習、駅までの帰り道、合宿、旅行等々、互いに弱点もさらけだして全身で交流する。定期演奏会になると、楽屋裏に女子高生が花束を持って並ぶ姿もあった。

「たいていかっこいいやつに花束は集中するんです。ぼくは駄目でした。奥泉も……確か駄目だったんじゃないかな（笑）」

有料チケットは遠征先でも完売

「吹奏楽部の年間2大行事といえば、6月の定期演奏会と10月から始まるコンクールでした。10月が県大会、勝ち進むと11月に関東大会。そして12月に全国大会が行われます。かえすがえすも残念だったのは、川高吹奏楽部は県大会では常勝なのに、関東大会では勝てず、全国大会に進めなかったことです。理由は明らかで、10月の県大会が終わったところで3年生部員が引退したからです。あとは受験勉強だという顧問の松本先生のお考えでした。11月の関東大会には3年生が中心で出場するのですが、1カ月も練習していないから演奏はぼろぼろ。それでいい、というのが先生の方針でした。もちろん受験勉強に励む仲間もいましたが、全国大会に行きたいと悔しがる仲間もいたと思います。

定期演奏会はなかなかすごかった。普通なら地元の川越市市民会館で一公演やるだけなわけですが、所沢や東松山にもでかけていって別プログラムで三公演くらいやる。それでも有料チケットは完売でお客さんが溢《あふ》れてしまう。3プログラム、4プログラムを用意したこともありました。

日頃から、練習は部長を中心に生徒たちで自主的に行いましたが、とくに定演のポップスについては、自分たちで選んで自分たちで編曲するというスタイルでした。よくもあしくもすごく気取っていて、吹奏楽用の曲より、いわゆるクラッシックの名曲を吹奏楽アレンジでやることも多かった。チャイコフスキー、ブルックナー、ブラームスといった作曲家の交響曲をやったり、ホルン、クラリネット、フルートなどのコンチェルトも、モーツァルトを中心に必ずやっていた。ぼくらの代では、同級生の椎野伸一さんがモーツァルトの20番のピアノコンチェルトを定期演奏会で演奏しました。彼は吹奏楽部ではアルトサックスを吹いていたけれど、ピアノもやっていて、芸大へ進んで、コンサートピアニストになりました。吹奏楽部には代々、何人かずつ後にプロになるような名手がいました。クラシック曲の編曲は、アレンジに才能のあるOBがやってくれました。

定期演奏会でのポピュラーの部では、ドラムス、ベース、ギター、ピアノ、プラスαのコンボ編成や、もう少し大きな編成など、自分たちで好きな曲をアレンジして演奏するので、その楽譜をぼくは教室で授業中に書いていたわけです」

天才的で変人、恩師二人の強烈なキャラ

「高校時代の恩師といえば、もちろん吹奏楽部顧問の松本先生です。なにしろ先生の特技が凄《すさ》まじい。入学してすぐの国語か古文の授業で驚いたのは、全ての生徒の名前をすでに覚えていたことです。最初の授業から、名簿や資料を見ないで名指しで指名してくる。みんなびっくり

して、それだけで気押されてしまう。現代国語と古文を習ったのですが、定期テストの答案用紙を返してこないのも特徴でした。採点していなかったんじゃないかと思うのですが、「おれは普段点で成績をつけている」と言うんです。たしかに生徒の名前を覚えているからリアリティーがなくもない。それで吹奏楽部の部員はみな成績がいい。贔屓《ひいき》じゃないかとなるわけですが、「吹奏楽部の連中は授業中よく発言している」と言う。しかし考えてみると、吹奏楽部の人間ばかりを先生が指名するんだからあたりまえなんですね（笑）。まあ、そんなことで文句を言うような者もなかった。

もう一人、音楽の教科担任だった牧野統先生も名物先生でした。ぼくらが3年になる春休みに亡くなられてしまったのですが、とにかくかっこよかった。むかし藤原歌劇団にいたという人で、タバコを指に挟んだままピアノ演奏して生徒に歌わせる。作曲家で、たしか応援歌も作曲しているはずです。

音楽室はすごく印象に残っています。古い建物の一階にあって、象牙の鍵盤のピアノがありました。たしかベーゼンドルファーだったんじゃないかな。鍵盤の角が少し削れていましたが、いい音をしていました。牧野先生がお亡くなりになった時には、ピンチヒッターとして芸大の学生だった先生のお嬢様が音楽の教師としてやってきたことがあります。歌の伴奏をしている途中で、「君たちには音が高いから半音下げましょう」なんていって、けっこう難しい曲を瞬時に半音下げて弾いてみせた。凄いなと感心した記憶があります。いま思うと、音楽好きのうるさい生徒を黙らせようと思って、家で練習してきたのかもしれません（笑）。あんな難しい曲をよく半音下げて弾けるなぁなんて、憧れの目で見ていた記憶があります」

自主講座で見えてきた多様性のある同級生たち

まさに音楽漬けの高校時代にあって、奥泉氏の記憶にそれ以外で残っているのは川高の学園闘争の残滓だという。氏の入学は71年。6章で述べるように、川高で学園闘争が一瞬本格化したのは69年と70年の2年間だった。それも全校生徒が決起したというよりも、何人かの反体制派の生徒が熱い行動を展開したと表記するのが正確だろう。

氏の入学は闘争が鎮静化した年だ。すでに服装の自由や政治活動の自由等を記した生徒憲章は「当たり前のもの」として存在していた。その中で一つ、氏の記憶にはある制度が残っている。「先輩たちが獲得したものの一つに、自主講座がありました。学園闘争を経験した都立高校などでも実現したようだけれど、先生から指示されるのではなくて、生徒が自分たちで中身を考えて講座を開く、そういう自主講座があったんです。あの時代は、高い理念があったんだなと、つくづく思います。

とはいえ自分たちで中身を決めるといっても、なかなかむずかしい。一年生の時のぼくらのクラスでは、カフカの『変身』を読もう、読書会をしようという案にまとまったと記憶しています。このときのことは、ぼくの初期の小説『その言葉を』に書かれています。

この過程で印象的だったのは、川高の生徒は均質ではない、多様性があるなと思ったことです。ぼくが住んでいた所沢は東京にも近くて、川越へは下り列車で向かう。まあ、どちらかといえば都会派。田舎のなかの都会派です。ところが東上線組は小川町や東松山、坂戸のほうから上り列車でやってくる。競歩大会で高坂あたりから川沿いに学校まで歩いてみると、びっくりするくらい奥深い田園地帯が周囲に広がっているのがわかる。ぼくらは私服で通いましたが、上り列車組は学生服を着てくる生徒が多かった。しかしそのギャップがよかったと思います。

たとえば自主講座で読書会をやろうというときに、そもそもカフカを読もうなんていい出したやつは秀才で、文学に関心がある生徒です。そういう人が発言するとぼくらはつい黙ってしまうのですが、上り列車組は「ぼくはそうは思わないな」なんて素朴に感想を言ったりする。

それで議論になる。異質な者が集まることがいいんだな、異質な者の混ざり合いが面白いし、いろいろな意味で生産的なんだなと思いました。

そういえば、芥川賞をとったあとに、川高に呼ばれて講演会を行ったことがありました。講演のあと、もう少し話したい人があれば図書館で話そうということになって、20~30人集まってくれた。その中に一人、ドゥルーズやガタリの名前を出して鋭い質問をしてくる文学少年がいて、印象的だった。わが母校にもこういうやつがいるんだなと、感心したんですが、後に山田風太郎賞の選考委員をやったときに、受賞者が川高出身だと聞いて会ったら、『奥泉先生の講演を聞きました』と言ってきた。『まてよ?』と思って『君はひょっとしてあの時ドゥルーズのことを聞かなかった?』と言ったら『聞きました』と言う。やはりあの時の子だった。いまは小説家、脚本家として活躍する冲方丁《うぶかたとう》さんでした。

ぼく自身は、高校時代も本を少しは読んでいたし、小説や批評にも関心はありましたが、文学青年ではなかった。高校時代はとかく音楽しかやっていなかったですね」

言葉の力のすごさを知った『資本論』読書会

読書会といえば、川高を卒業後二浪して入ったICU（国際基督教大学）時代も、氏は所属した野球部の仲間と「資本論」を読みあったり、一橋大学大学院に進んだ先輩たちとマックス・ウェーバーを読む読書会に所属したりしている。川高時代の自主講座の体験と直接の関係はないとは言うが、そこで鍛えられたことは間違いない。

「一人で勉強するよりも、誰かと一緒に勉強したほうがモチベーションがあがるのは間違いないです。大学に入って少し身体を鍛えようかと思って野球部に入ったら、どういうわけだか野球部で『資本論』の読書会をやっていた（笑）。いまさらマルクスでもないだろうと思ったんですが、ちゃんと読んだことがなかったので参加したら最初は何が書いてあるのか全然わからなかった。全体として何が問題になっているのかすらわからなかったんです」

3カ月くらい商品章のところを読み返しているうちに、氏はある日、なるほどそういうことが書いてあるのかとわかった瞬間があったという。すると世界の見え方が少し違ってきた。言葉の力はすごいと思った。それをきっかけに社会科学の面白さに目覚めていく。

「その後マックス・ウェーバーを10年間かけて読んだのですが、その時も一橋大学の大学院に進んだ先輩の紺野馨さんが『古代ユダヤ教』の読書会をやるからと誘ってくれたんです。ぼくは学部の3年生で先輩たち5人は博士課程の学生です。君が訳してよといわれて悪戦苦闘して訳して読書会に行くと、『全然違う』とぼろくそに言われてしまう。辛かったんですが、考えてみれば5人の家庭教師についているようなもの。非常に勉強になってラッキーでした」

やがて氏は、紺野氏と共訳で、『古代ユダヤ社会史』を出版する。そのまま学者になるつもりだったというが、あまりにも疲れて「もっと自由に文章を書きたい」という思いから小説を書いてみることにした。

書いてみたら、しかし必ずしも自由ではなかった、自由になるためには技術がいることを知ったと、あとで振り返ることになる。だが「何行か書いてみたあとに、自分はずっとこういうことをやっていくと思った気がする」と後述している。

その時書いた最初の作品『地の鳥　天の魚群』は「すばる文学賞」の最終選考に残り、文学誌『すばる』に掲載された。それを始点として、作家生活へと入っていく。(参考文献、ＷＥＢ本の雑誌「作家の読書道」第１５１回)

その後氏は、純文学の王道を歩んでいく。

90年、三人称複視点という手法に挑戦した「滝」で三島由紀夫賞候補、芥川賞候補。

93年、『ノヴァーリスの引用』で野間文芸新人賞受賞。

94年、『石の来歴』により芥川賞受賞。英語、フランス語などにも翻訳される。

09年、『神器』で野間文芸賞受賞。

14年、『東京自叙伝』で谷崎潤一郎賞受賞。

18年、『雪の階』で毎日出版文化賞、柴田錬三郎賞受賞。

12年からは芥川賞選考委員も務めている。

音楽漬けだった10代の日々から文学の世界に大きく羽ばたいた自身の来歴を振り返り、その基礎を築いた高校時代を、氏はこう語る。

関心があることを目一杯やれる場

「高校時代に大切なことは、自分が関心を持っていること、関心の持てることに目一杯浸《ひた》ることだと思います。ぼくは10代の後半にどっぷり音楽につかることができた。川越高校はのんびりしているし、型に嵌めない校風だから、それが可能だった。それは素晴らしいことでした。

そういうシステムが日本全体にあればいいんだけど、受験があるからそうもいかないんだろうなぁ。そもそも受験なんてのはプライベートな問題なんだから、学校からとやかく言われる筋合いはないはずです。生徒の自主性に任せて放っておけばいい。どの高校からどの大学に何人入ったかを比べるなんてナンセンス。高校3年間は好きなことをやって、その後の受験の落とし前は自分でつける。それくらいの度量でいくべきです。

いまの社会をみれば、いい大学に行くだけが能じゃないし、どこに行っても大差はないでしょう。むしろ大学に入ってからどう勉強するか、活動するかが大事になる。そういう構えの基礎になるヒューマンパワーを培《つちか》うために、高校時代は自由な環境の中でやりたいことをやることが絶対に必要だと思います。それを我慢して受験勉強をやっても仕方ない。ろくな人間にはなりませんよ。

あの時代、川越高校には諸先輩や松本先生のお蔭で音楽を楽しむ環境ができていた。場があった。それがあることが大切で、それしか大切なものはないんじゃないかとすら思います。

後に川高生からノーベル賞受賞者が出たというニュースが流れて驚きましたが、出身が埼玉大学と聞いた時は嬉しかったな。あれが東京大学や京都大学に進んだ生徒だったらちっとも面白くない。埼玉大学というのが素晴らしい。川高らしい。そういう将来ののびしろを養うのが高校の3年間なんだと思います。

でも時代の趨勢《すうせい》でいうと、最近の若者は幼くなっているんでしょうね。大人になるのが遅くなっているのかもしれません。それは彼らの責任じゃなくて、昔とはだいぶ社会が変わってきた。寿命も違います。精神分析の専門家のなかには、最近では精神的に大人になるのは40歳くらいで、20歳では大人とは言えないと言う人もいます。それに対して教育システムが対応できていないんです。大人になってから勉強できるチャンスがない。ふつうは20代前半くらいまでしか勉強しないでしょう。本当はそのあとから勉強して伸びる人がいる。個人差がすごくあって、遅くなって伸びる人もいるはずなのに。そういう社会をつくってしまったのは、文学にも責任があるのかな。既存のシステムを壊せればいいんだけれど……」

時に氏は、雑誌に連載する新作において「失敗することを目指す」こともあると発言している。たとえばストーリーの最後が破綻《はたん》する二葉亭四迷の『浮雲』が失敗作であるように、尾崎紅葉の『金色夜叉』が最後が終わっていない失敗作であるように。「けれどどちらも失敗しているところがチャーミングなんです」と言いながら、自在に筆を進めていく。

その自由度こそを作家と呼ぶなら……、10代の黄金の3年間の意義は、益々重みを増してくる。

吹奏楽部顧問・松本成二氏
～全身全霊生徒愛音楽愛

輝かしい業績と明かされることのない素顔

その師はついぞ、生徒たちの前で私生活を晒《さら》すことはなかった。

現役時代、吹奏楽部の部員たちは日々練習場で師の薫陶《くんとう》を受けていた。教室では現代国語や古文の指導で「国語の神様」の異名をとり、多くの生徒を難関校合格に導いた。吹奏楽部の部員たちは、夏には合宿や海水浴、冬にはスキーにつれていってもらった。時には部費稼ぎのアルバイトで、後楽園球場（当時）の都市対抗野球大会へ、OB有志と一緒に応援演奏にも行った。部員たちはOBになってからも、定期演奏会や周年事業、イベント等では必ず顔を合わせた。毎年年末には忘年会を開き、食事を共にしていたOBもいる。

教え子からは、「我が恩師」、「人生を変えてくれた師」、「人生で一番影響を受けた師」等々、その人柄と影響力を熱く語る言葉は枚挙に暇がない。

それでも師は、88年に及ぶ人生の最晩年に病に倒れて入院するまで、生徒やOBたちにその素性を明かすことはなかった。独身なのか、既婚者なのか、子どもはいるのか、どこに住んでいるのか、どんな暮らしぶりなのか——。いやその名前すら、日頃使っていた「せいじ」という呼び方は実は「通名」だったことを、半世紀近く親交のあったOBですらあとで知ることになる。熱血指導とは対照的に、「謎の多い先生で住所も明かしてくれなかった」、「どこか陰がある先生だった」という声も聞こえてくる。

もちろん周知だったこともある。その生まれは1929年（昭和4年）、熊本県。済々黌高校から東京教育大学に進み、文学部独語科、及び国文科を卒業。千葉県佐原高校で3年間教鞭をとったのち、1961年より川越高校に赴任。翌年に吹奏楽部を創設して顧問となり、以下のような成績をあげた。

66年、創部5年目にして県大会3位。67年県大会3位。68年県大会に優勝し関東大会出場。69年県大会5位。70年県大会3位。71年から77年まで関東大会に7年連続出場。優秀賞、優良賞、金賞、銀賞を受賞。78年県大会金賞（惜しくも関東大会出場ならず）。

78年に浦和高校に転任してからも、それまで地区大会止まりだった吹奏楽部を率いて78年県大会銅賞、79年県大会銀賞、80年～83年、86年、87年に関東大会出場、銀賞、銅賞受賞。84年県大会優秀賞、85年県大会銀賞。

90年に60歳で同校退職後は受験国語の「神様」として、駿優予備校、両国予備校、巌丈志摩予備校、および教え子の実家で開いた私塾で、小論文講義や東大国語ゼミを教える名物講師となり多くの教え子を難関大学に導いた。この間約20年間、新聞紙上では共通一次試験、センター試験の国語の問題の講評を書いている。

著書には『敬語法の研究』（いぶき書房）、『現代文の科学的研究Ⅰ評論編、Ⅱ文芸編』（あずみの書房）、『知の学としての国語』（桐書房）がある。『現代文の科学的研究』は受験国語の名著として、受験生や国語教師から幅広く支持を集めた。現在では稀覯《きこう》本となり、古書市場では一冊2万円台、ネットのオークションでは「東大オリジナルテキスト」を含めて8万円という値段もつけた。

これだけの業績を残しつつ、川越高校で16年間、浦和高校では12年間、さらに予備校講師として約20年間、師はどの時代でもどんな状況でも全身全霊をかけて多くの生徒を育て上げた。松本成二氏。その師が、よもやこんな数奇な人生を送っていたとは――。

その姿は、吹奏楽部のOBたちにはこんなふうに刻まれている。

未開地を独学で開拓したカリスマ

１９６２年（昭和37年）９月28日づけの川越高校新聞は、その一面にこう報じている。

「ブラスバンド誕生　文化部は19クラブに」

そのきっかけは59年（昭和34年）の野球部の甲子園出場だった。全国から集まった参加校の中で、ブラスバンド応援がなかったのは川高を含めて二校のみ。大会中は他校ブラスバンド部の友情出演をあおいだが、「（自校の演奏がないのは）さみしかった」と同紙は書いている。

そんな中、61年に千葉県から一人の青年教師・松本成二氏が転任してきた。当時32歳。現代国語と古文が専門だった。氏が顧問として指導することになり、「（吹奏楽部結成は）急速に具体化した」。この年に入学、新設の吹奏楽部に入部した江原健児氏（近畿日本ツーリスト営業企画室部長）は、２０００年1月19日発行の埼玉新聞「くすの木の下で」の中で創部当初の状況をこう証言している。

「最初は決まった練習場所もなく、楽器の音で近所から苦情があって苦労した。（中略）松本先生は物凄い勉強をしていた。身銭を切って楽器を買っていたような気がする。目標の一つに『プロの良い音を聞きなさい』と言われた」

のち、1978年（昭和53年）に浦和高校で吹奏楽部顧問となった時も、氏は「周囲の反対をおしきって会議室に防音設備をつけた」（2017年1月6日毎日新聞）という逸話を残している。川高でも浦高でも、氏にとって吹奏楽は未開の地を開拓することだったようだ。

そもそも音楽の指導に当たること自体、氏自身にとっても「未開の地」だった。「先生は物凄い勉強をしていた」ことを裏付ける、こんな証言がある。

「松本先生は元々音楽的にはプロではありませんでした。自分でも楽器を演奏していたのか？指揮の素養があったのか？　いずれも定かではありません」

語るのは66年（昭和41年）入学の吹奏楽部6期生、青木正己氏（元所沢市役所、教育委員会）だ。中学時代に所属していた吹奏楽部では行進曲や簡単な序曲などを演奏していたが、川高吹奏楽部に入るとそのレベルの高さに愕然《がくぜん》としたという。

「1年生の時からリストのプレリュードやフルート・コンチェルト、ホルストの『火星』等、クラシックの王道を演奏しました。4分の5拍子の曲などそれまでやったこともなかった。度肝を抜かれました」

創部5年にして、すでにこのレベルに達していたのだ。しかもその指導法も驚きだったと青木氏は振り返る。

「音楽をどう表現するか？　ということに関して、松本先生は生徒への指導の素養はすごくありました。音楽理論を教えるのは長《た》けていた。楽譜も読めました。ひとづてに以前クラリネットを演奏していたと聞いたことはありましたが、生徒の前ではついぞ吹いたことはありません。指揮もめちゃくちゃ。変拍子は振れないと公言していました」

これに関しては、浦和高校ＯＢで、芸大を出てプロとなりヨーロッパを中心に活動するオーボエ奏者、渡辺克也氏はこう語っている。

「(先生は指揮台で）時々複雑怪奇な動きをするが、そこにあるオーラが自分にインスピレーションを与えてくれた。先生は私にとってのカリスマ」（毎日新聞２０１７年1月６日）

つまり全て自己流の指揮法だったのだ。

だが氏はひたむきな人だった。のちに受験国語の分野では、「欧米の難解な文芸評論や言語学理論を大学入試現代文の読解に応用した」（参考、wikipedia）と評された努力の才。奥泉氏が語ったように、学年の最初の授業の時には受け持つ生徒全員の氏名をそらんじていた集中力や記憶力。それらの全てがこの時代には音楽に向いたのだから、その進歩も凄まじかった。入学した年の夏合宿の様子を青木氏が振り返る。

「夏合宿には芸大の先生を招いて指導していただくのですが、みなさん一様に『松本先生はなぜあんなに音の仕組みがわかっているのか？　どこで学んだんだろう』と驚かれていました。それくらい音響物理というか、音楽理論には精通されていました」

当時松本氏が語っていた音楽理論を思い出してもらうと――、

――ピアノの鍵盤ではドの♯とレの♭は平均律では同じキーになっているけれど実際は微妙に違う。長三度のドミソの和音も微妙に濁っているから「ソ」の音を１００分の２音を上げなさい。そうすると1・5倍の周波数になって綺麗になる。「短三度」のラドミでは第三音を１００分の13上げなさい。管楽器は息の強さ、唇の締め方等で多少音程の調整ができるから。

素人にはいかにも難解でデリケートな理論だ。青木氏が続ける。

「当時先生の仰ることは完全にはわからなくても、３年生が我々にかみ砕いて丁寧に教えてくれました」

後年、その音楽理論は川高と浦高両校吹奏楽部ＯＢの手によって『若き吹奏楽指導者のための――吹奏楽演奏法マニュアル、13章・３３０講』として纏《まと》められた。そこにはこんな意味の言葉が刻まれている。

――物理の教科書で用いられる「フレッチャー&マンソンの原理」は、「音楽全体がピアノ（弱く）またはピアニッシモ（さらに弱く）になったとき、中間の高さの音域に比べて低音域は極めて弱く、高音域もかなり弱く聞こえる」という音響学の原則を示している。この等感曲線の示すところに従えば、ピアニッシモを奏する場合、トランペットやクラリネット等の中音域の楽器が1000ヘルツに近い音を40デシベルで吹くとき、2オクターブ下のトロンボーンやホルンは50デシベル、3オクターブ下のチューバは60デシベル、4オクターブ下のコントラバスは70デシベルにしないと同じ大きさには聞こえない。バランス的にはピアニッシモの時ほど低音は強くなくてはならない。（第1章・1講）（一部筆者略）

渡辺氏は毎日新聞（2017年7月8日）の記事の中で、「（松本氏の）マニュアルは普遍的な価値があり、プロの演奏家がみてもわかりやすい」と述べている。青木氏は、松本氏がどうやってこの難解な音楽理論を学んだのかが気になった。のちに氏の自宅の整理に当たったとき、音楽的な種本がないかを探ったこともある。

「でもそういう音楽理論の本は蔵書の中には見つかりませんでした。どこでこんな基礎理論を学ばれたのか――」

それもまた、いまだに謎のままだ。

身銭を切って楽器を購入

創部時の川越高校新聞の記事にあった「身銭を切って楽器を買っていた」という部分でも、それを裏付ける証言がある。

「松本先生は私財を全て吹奏楽部に費やしてくださったのではないでしょうか」

語るのは奥泉氏と同じ吹奏楽部11期生、今はギタリストとして活躍する三宅伊智朗氏だ。

「部室には海外製の高級な楽器がかなり豊富にありました。ぼくはチューバを演奏していましたが、あんな楽器は個人では買わないし、学校の予算なんてしれています。コンクールで銅鑼《どら》が必要になると、それも借りてこないといけなかった。全て先生の自腹だったのではないでしょうか。都市対抗の時に地方から来たチームの応援の演奏をアルバイトでやって部費を稼ぎましたが、それでも足りなかったはずです。浦高に転勤されるときには、市内の楽器屋に何百万円か借金があると言われていました」

吹奏楽はただ楽器が揃《そろ》っていればいいわけではない。楽器の質が音の質に繋がる。例えば打楽器の余韻は、材質によって決定的に違う。値段の差が音の差なのだ。資金が潤沢な私立高校に負けないためにも、松本氏は楽器にお金をかけた。

松本氏から相談されて、野球応援を手配したのは青木氏だった。毎日新聞が後援する都市対抗野球大会は、街と企業ぐるみの闘いだけに応援が派手だった。ところが地方チームは応援団を連れてくる余裕がない。そこで松本氏は、ＯＢ部員を集めて応援演奏をサポートするアルバイトを考えた。

「先生の指示で、岩手銀行、伊予銀行など、初出場の地方チームの東京支社に出かけていって、バンドマンを１００人用意しましょうなんて営業するんです。1試合50万円だったか。参加したＯＢには一人１０００円の交通費を払い、残りを部費の助けにしました。それでも百数十人の現役部員の活動費には足りません。そんなことをしていたある日――」

――吹奏楽をやっていなかったら田舎に家の一軒くらいもてたなぁ。

松本氏がぽつりと呟《つぶや》いたことを、青木氏は覚えている。

「夏合宿も大変でしたよ。全ての楽器をトラックで運ぶんですから、お金がかかりました」

三宅氏が、若き日の思い出を楽しそうに言う。

「妙義山の麓《ふもと》の旅館を借り切って合宿をしましたが、お金がないから部員はお米を自分で持っていく。一食一合、６日間で18合だったかな。宿にも安くしてもらっていたんでしょう。ＯＢも合宿に参加して、現役生を支援する習わしでした」

青木氏はこう振り返る。

「夏合宿のときは、音大の先生方をお招きして指導をいただきました。もちろん謝礼や交通費がかかります。それを工面してくださったのも先生でした。OBはお招きした音大の先生方の接待係でした。松本先生は生徒が体調を崩したら医者に連れて行かないといけないし、全体の責任がありますから飲めないんです」

さらにOBは、夜は現役生の受験勉強も指導した。つまり日頃の練習環境も合宿のような特別な環境も、前項で奥泉氏が語った「生徒たちが全身で音楽に浸れる場」をつくったのは、身銭を切り全てを企画した松本氏だったのだ。

音楽もがんばれ。だからこそ、受験勉強もがんばれ。2軸に妥協しないところが、国語の神様の真骨頂だ。

しかもそこにはもう一つ、吹奏楽部の秘密もあった。青木氏が言う。

「普通の部活動ならOBは殿様のような扱いになるはずですが、吹奏楽部はその真逆でした。OBは現役生の食事の買い出しをして、食べるのは現役生が終わってからの残り物。年功序列が逆転していたのです」

じつはそれもまた、強烈な松本イズムの一端だった。

1年殿様、2年侍、3年足軽

——まずユニゾンを揃えよ。それも徹底的に！

「マニュアル」の中で、ひときわ熱い口調で松本氏は書いている。

ユニゾンとは、複数の声や楽器で同じ音を奏でることを意味する。つまり他者と歩調を合わせろ、それも徹底的に！　が松本氏の口癖だった。記述はこう続く。

——君が作曲に志したとして、天啓のように素晴らしい旋律を得たとしたら曲の中で、それをどう処理するだろう。恐らく曲中のクライマックスのところにユニゾンで示すだろう。（中略）だからまずユニゾンの部分をみつけてそこだけを徹底的に音を合わせてみよ。ピッチはもちろん表情も、音出しも、アーティキュレーションもすべて、そうすればその音楽はそれだけで見違えるようになるだろう。ただしユニゾンは怖い。見事にあったユニゾンは天使の声。1／10音でも狂ったユニゾンは悪魔の声。かのグレゴリアン・チャント（グレゴリオ聖歌）を考えてみよ。（第3章、55講）

これは部活動においても、松本氏が最初に指導する点だった。青木氏がこう振り返る。

「先生がまず言われたのは、同じフレーズをどこの楽器パートが吹いているか、聴きながら合わせなさいということでした。メロディ、ハーモニー、裏歌等、自分の役目がどういうパートなのか常に考えなさい。私はテナーサックスでしたから、ユーフォニウムと同じ楽譜を吹くことが多かった。座るポジションも我々の後ろにいました。それと合わせなさい。見事に合ったユニゾンは天使の声だとおっしゃいました」

だがそれは、演奏だけの話ではなかった。実生活でも、松本氏は部員たちに「美しいユニゾン」を求めた。

――このクラブのモットーは「いやなことはすべて上級生がやる」ということである。演奏会での楽器運び、部屋の掃除、楽器の手入れなどはすべて3年生の仕事である。

川越高校吹奏楽部を特集した76年発行の「ヤマハ・バンド・ワールド」誌に、そんな記述がある。この「イズム」に対して、松本氏の主張は明快だった。

――1年生がわけもわからず苦労するよりは、全てをわかっている3年生が苦労しなさい。3年生なら下の子の気持ちも理解できるはず。嫌なことは3年生が全てやりなさい。

OBだけでなく、現役部員の間でも、通常の年功序列とは真逆のヒエラルキーができていたのだ。青木氏が言う。

「吹奏楽部には『1年殿様2年侍3年足軽』という言葉があります。松本先生のイズムを現した言葉ですが、練習の後片付けとかも1年生はさきに帰して3年生がやる。そういう習慣の中で、部員たちのチームワークが成立していました」

三宅氏の中でも、松本氏の言葉は「徹底したユニゾン」として記憶されている。

――音楽的な向上も大切だが、部活動では将来にわたる仲間をつくれ。練習が苦しかったらさぼるのではなく、みんなで休め。疲れたのなら全員で休もう。

心の柔らかな時代にそういう指導を受けた結果、いまでも当時の仲間との関係は変わらないと三宅氏は言う。

「吹奏楽部の3年間は素晴らしい仲間ができて、いまだに彼らには助けられて一緒に遊んでいます。一緒におやじバンドを組んで演奏もするし、還暦のときはピアニストの椎野さんとフルートの奥泉さんとでコンサートもしました。学芸大学の学生ＯＢたちが椎野さんのお祝い会を開いてくれて、それに便乗したんです」

芸大出身の現役ピアニストと芥川賞作家と外資系格付け会社の代表取締役の三人が、久しぶりにバンドを組んで見事な演奏を披露する。これこそが松本イズムの真骨頂だ。

もちろん、松本氏の指導は優しいばかりではなかった。言うべき時には辛辣《しんらつ》な言葉もはっきりと口にした。

――川越高校の生徒たちは、将来地域の指導者になるんだ。学校の教員や自治体の職員になるべき人材を育てる。浦和高校の生徒たちは、将来日本の指導者になれ。入試で5科目200点満点でほとんどが200点を取る生徒たちなのだから、それが使命だ。

「川高生と浦高生は基礎力が違う。川高生は及ばないと、はっきり言われたことが記憶に残っています」と青木氏は苦笑まじりに言う。

卒業後、青木氏は大学に進み、所沢市役所の職員となった。のちには教育委員会の職員や中学校の事務担当として学校運営にもあたっている。その歩みもまた、師の言葉に導かれたものと理解して間違いない。

「俺は仙人になる、もう連絡しないでいい」

だが2012年のある日、現役時代から半世紀以上続く松本氏と青木氏の蜜月関係に、一本の亀裂が入る事件があった。吹奏楽部50周年式典を企画中のことだ。

「先生は部の創立者として、第三部の冒頭で指揮をお願いします」

幹事となった青木氏が電話でそう告げた。すると予想もしなかった言葉が返ってきた。

「なぜ俺がトリではないのか？」

驚いた青木氏は、こう説明した。

「川高の吹奏楽部の歴史は半世紀です。先生が浦高に移られてから何人もの先生が顧問をされていらっしゃいます。そういう方もお呼びして指揮していただかないわけにはいきません」

この言葉どおり、青木氏たちＯＢ幹部は、第一部に現役部員の演奏、第二部にＯＢビッグバンドによるジャズ、第三部にＯＢと現役部員の合同演奏、というプログラムを考えた。その第三部で、ＯＢ作曲家へ委嘱《いしょく》した曲と、部の歴史を辿《たど》る曲を演奏をする。その一曲目に松本先生に指揮をしていただきたい、できたら創部当時のエピソードもお話しいただきたいというのが企画趣旨だった。だが松本氏は思いの外頑固《がんこ》だった。

「なぜ俺以外の顧問も式典に呼ぶのか？　俺がつくったクラブなのに、なんで俺がトリじゃないんだ」

「でも先生、先生以降いろいろな顧問の先生方が繋いでくださったからこそ、今日の吹奏楽部があります。無碍《むげ》にはできません」

「駄目だ。そんな会には出席できない」

「先生、そう仰らず。お願いします」

「駄目だ、お前は破門だ」

その時、松本氏は83歳。なぜそんなに頑固なのか、青木氏にも理解が及ばなかった。あとから考えれば、多くの人に老いた姿を見せるのが嫌だったのか。極親しいOBたちと半世紀をひっそりと祝いたかったのか。このやりとりの中で、青木氏には印象的な言葉もあった。

「俺は仙人になる」。松本氏は電話でそう言い出した。

「仙人になるから俗世間とは交渉しない。その日その日を静かに暮らして静かに消えていく。もう連絡しないでいい」

「先生、そう仰られても――」。青木氏には返す言葉がなかった。

だがこの時はまだ、青木氏は松本氏の私生活のことはほとんど何も知らなかった。

かつて都市対抗野球の応援アルバイトを一緒にやっていた時、松本氏が後楽園球場（当時）まで自転車でやってきたことがある。そこに子ども用の椅子がついていたことから、当時小さな子どもがいるのだろうと思っていた。あるいは部員を連れて海水浴やスキーに行くときには、必ず乗用車のスバルを運転して生徒を乗せてくれた。それも先生の車だと思っていた。

50周年式典の連絡では、しばしば電話をかけた。携帯電話を持たない松本氏からは、以前から固定電話の番号を聞いていた。かけると必ず女性が出て「宮崎です」。そこから切り換えて松本氏に繋いでくれる。

――先生の奥様か？　先生は婿養子でいらっしゃるのか？

青木氏は、そんな私生活をイメージしていたという。だがそのイメージとは真逆の私生活だったとは――。

大学時代から続く店子生活

「結局50周年式典には、先生はお見えになりませんでした。老いた姿を晒したくなかったんだろうとOBたちでは話しました。それからだんだんと連絡がとれなくなってしまって――」

青木氏が振り返る。主は欠席のまま、50周年式典は2012年5月5日、ホームグラウンドの川越市市民会館で華やかに開かれた。集まった観衆はホール満員の約1000人。この演奏会のために、吹奏楽部OBで神戸大学大学院准教授の田村文生氏（吹奏楽部24期生）が作曲した「時と鐘」が演奏された。OBと現役生の合同演奏では、軽快な行進曲「希望の空」が取り上げられ、創部当時を偲《しの》ぶ意味で、当時流行った坂本九の「上を向いて歩こう」も奏でられた。プログラムでは第三部一曲目「行進曲　希望の空」に「指揮・松本成二」とあったが、代わりにタクトを振ったのは、吹奏楽部二期生の江原健児氏だった。

翌日の新聞には、二人のコメントが紹介されている。

現役部長の加藤雅也氏、「経験豊かな卒業生から楽曲のとらえ方や表現の仕方を学べて刺激になる」。

神戸大学大学院准教授の田村氏、「高校時代に吹奏楽に打ち込んだことが人生を左右した。世代が違うが音楽に対する強い思い入れは同じ。伝統を継承してほしい」（２０１２年5月6日朝日新聞）

その日から、現役生もＯＢも忙しい日常に戻った。松本氏のことは、しばし忘れていたとしても仕方ない。だが破門された青木氏は、「仙人になる」と言った師のことがずっと気になっていた。ＯＢ会の代表としても、50周年式典の報告もしたい。なによりも、本当に仙人になられて家にこもってしまったらますます健康も損ねてしまう。

――そろそろご挨拶に伺《うかが》ってみようか。

思いが高じて２０１３年のある日、かねて年賀状のやりとりのためにもらっていた文京区目白台の自宅の住所をアポイントなしで初めて訪ねることにした。そこから事態は動き始める。

住所にあったのは、思いがけず大きな3階建ての建物だった。こんな大きな家に先生は住まわれているのか？　その呼び鈴を押すと、出てきたのは当時60歳代後半のご夫妻だった。「私が宮崎です」と聞いて、いつも電話を取り次いでくれる人だとわかった。挨拶をすると「松本さんは一階の奥の部屋に住んでいます」と言う。親族ではない。何と大家さんだったのだ。

ということは、松本先生は店子《たなこ》生活なのか？

「松本さんは私どもの家に大学時代からずーっと一人で住まれています。もともとは私の中学時代の家庭教師でした」

宮崎氏にそう教えられて、青木氏の中で恩師のライフストーリーがつながり始めた。分厚いベールに包まれていた謎の私生活が、少しずつ明るみに出てきたのだ。

宮崎氏は、「安立《やすはる》」と名乗った。松本氏のことを、ご夫人は「松本のおじちゃん」と呼ぶ。

そこに現れた松本氏の約80年の生涯は――。まさに「仙人」に相応しい、天涯孤独なものだった。

仙人を世間に引き出したオーボエの音

若き日、熊本から上京し東京教育大学に学ぶ松本氏は、熊本出身者の学生寮、目白台の細川家の敷地内に建つ「有斐学舎」で暮らしていた。宮崎家はその近所の質屋。何度か客としてやってきた松本氏に、ある日安立氏の母親が「我が家の息子の家庭教師をしてもらえませんか?」と頼んだ。教育大学の学生だからと見込んだのだろう。松本氏が引き受けると、ある日、風邪気味だという氏に対して「世話をするから、うちの4畳半に住まないか?」と誘った。そこから大家と店子の関係が始まった。松本氏は宮崎家が経営する学生用の木造アパートに転居し、賄いの世話を受けながら大学に通い、安立氏の家庭教師も続けたのだ。

その日から約60年。安立氏が中学校を卒業しても、松本氏が高校教師として職を得ても、その生活は不変だった。勤務地が千葉県佐原から川越へ、さらに浦和へと変わっても、松本氏は結婚もせず、引っ越しもしないままにアパートに住み続けた。

安立氏が結婚すると、松本氏の世話は新婚の奥様の役目となった。結婚前はこんな店子の存在は教えてもらっていなかったというから、その驚きは想像に難くない。親族でもないのに自分よりはるかに家族と長い歴史を持つ赤の他人。だから「松本のおじちゃん」なのだ。

後年、そのアパートは建てかえられて鉄筋になり、さすがに松本氏の住まいは4畳半から6畳二間となった。松本氏以外の店子の多くは学生と、独り暮らしの高齢者。

そこを初めて訪ねた青木氏が語る。

「その部屋で先生は、大量の書物とともにひっそりと暮らされていました。電話は3階に住む宮崎さんがとって、先生に切り換えて繋いでくれる。あの時乗っていた自転車も自動車も、全て宮崎家のものを借りていたんです」

この時初めて青木氏は、宮崎家からみた松本氏のことも理解できた。

「松本のおじちゃんが高校の先生だったとは知っていたようですが、吹奏楽部の顧問をやっていて、こんなにOBに慕われていたとは知らなかったようです。その後、次々と現れるOBに驚いていました」

部屋にあったのは、スピーカーではなくヘッドフォンだった。周囲に音が漏れるのを気にしながら、レコードを聞いていたようだ。

青木氏の訪問と前後して、浦和高校のOBでヨーロッパ在住のオーボエ奏者、渡辺氏も帰国した折りに目白台を訪ねている。すでに以前から仙人状態の師を気遣い、病院で医師の診断を受けるように促していた。だが松本氏は頑《がん》としてこれを拒否。そこで渡辺氏は「天の岩戸」にあやかって、音楽によって外へ引き出そうという作戦にでた。まず3階の宮崎氏に挨拶して松本氏に電話で訪問を告げると、氏は「会わなくてもいい。オーボエの演奏は電話で聴かせろ」といって、自室から出てこようとしなかった。

天照大神《あまてらすおおみかみ》のつもりなのか?

仕方なくご夫人が迎えに行くと、しぶしぶ3階までやってきた。それでいて、その演奏を聴くと、涙を流して喜んだという。その後医師の診断を受けることにもなり、そこから悲しい現実が明るみになる。

松本氏を慕っていたのは、川高と浦高のOBだけではなかった。退職後に勤務した予備校の教え子の中にも、松本氏を慕うOBがいた。大田区の蒲田にある「巌丈志摩予備校」の教え子で、のち東大に進んだ千本潤介氏だ。大学入学以後も松本氏とのつきあいを続け、氏の最晩年には祖師ケ谷大蔵にある実家を提供し私塾を週に数回開いた。時には連れ立ってコンサートにも出かけた。だがこの頃から、約束した場所で待ちぼうけをくわされることもしばしばあった。私塾も、連絡なしの休講という日が増えたという。

仙人には、確実に認知症の症状が出始めていたのだ。

全13章、330講、100ページを超える「松本ノート」

その後再び宮崎氏から青木氏に連絡がきたのは、2014年の正月のことだった。「松本のおじちゃんが大腸癌で入院されました」。渡辺氏が促した診断で癌が発見されたのだ。すでに大宮中央病院に入院し、手術は2月7日。退院は3月12日だという。

この前後から、青木氏と渡辺氏を中心に、川高と浦高の吹奏楽部OB合同で「恩師の言葉と演奏法を残そう」という動きが始まった。青木氏が言う。

「先生は初期のころは私たち生徒に演奏法を語り、ノートにとらせました。歴代それがたまっていき、次第にワープロで打ってプリントして新入部員に配るようになっていた。浦和高校にいってもそのマニュアルは不変だったので、原稿はすぐに集まりました」

全13章、330講、100ページを越えるこのマニュアルの末尾は、まさに松本氏の熱き言葉のオンパレードだ。「最終の心構え」には、こう書かれている。

——終始気迫の籠もった演奏を！　殊にppこそ圧倒的な気迫！気迫！気迫！それが聞き手を感動させるのだ。

まさに現役時代の、触れれば火傷をするような熱血指導者がそこにいる。

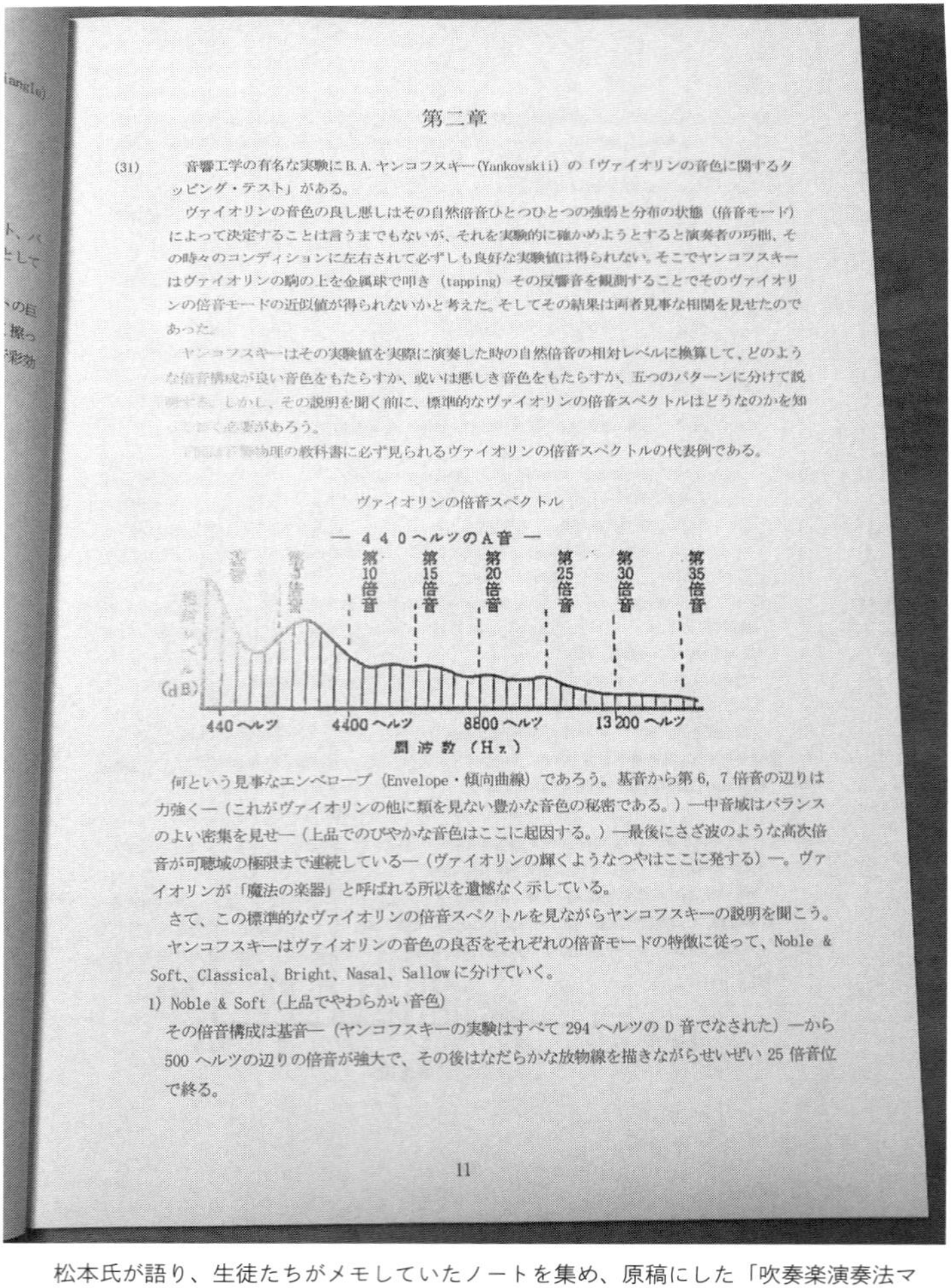

第二章

(31)　音響工学の有名な実験にB.A.ヤンコフスキー(Yankovskii)の「ヴァイオリンの音色に関するタッピング・テスト」がある。

ヴァイオリンの音色の良し悪しはその自然倍音ひとつひとつの強弱と分布の状態（倍音モード）によって決定することは言うまでもないが、それを実験的に確かめようとすると演奏者の巧拙、その時々のコンディションに左右されて必ずしも良好な実験値は得られない。そこでヤンコフスキーはヴァイオリンの駒の上を金属球で叩き（tapping）その反響音を観測することでそのヴァイオリンの倍音モードの近似値が得られないかと考えた。そしてその結果は両者見事な相関を見せたのであった。

ヤンコフスキーはその実験値を実際に演奏した時の自然倍音の相対レベルに換算して、どのような倍音構成が良い音色をもたらすか、或いは悪しき音色をもたらすか、五つのパターンに分けて説明する。しかし、その説明を聞く前に、標準的なヴァイオリンの倍音スペクトルはどうなのかを知っておく必要があろう。

下図は音響物理の教科書に必ず見られるヴァイオリンの倍音スペクトルの代表例である。

ヴァイオリンの倍音スペクトル

何という見事なエンベロープ（Envelope・傾向曲線）であろう。基音から第6，7倍音の辺りは力強く—（これがヴァイオリンの他に類を見ない豊かな音色の秘密である。）—中音域はバランスのよい密集を見せ—（上品でのびやかな音色はここに起因する。）—最後にさざ波のような高次倍音が可聴域の極限まで連続している—（ヴァイオリンの輝くようなつやはここに発する）—。ヴァイオリンが「魔法の楽器」と呼ばれる所以を遺憾なく示している。

さて、この標準的なヴァイオリンの倍音スペクトルを見ながらヤンコフスキーの説明を聞こう。

ヤンコフスキーはヴァイオリンの音色の良否をそれぞれの倍音モードの特徴に従って、Noble & Soft、Classical、Bright、Nasal、Sallowに分けていく。

1) Noble & Soft（上品でやわらかい音色）

その倍音構成は基音—（ヤンコフスキーの実験はすべて294ヘルツのD音でなされた）—から500ヘルツの辺りの倍音が強大で、その後はなだらかな放物線を描きながらせいぜい25倍音位で終る。

11

松本氏が語り、生徒たちがメモしていたノートを集め、原稿にした「吹奏楽演奏法マニュアル」、通称「松本ノート」。

そして「最後の最後に」と記し、武満徹の「作曲者にとって最初の聴衆は作曲者自身である」という言葉を引いて、松本氏はこう語る。

——演奏者にとって最初の聞き手は演奏者自身である。自分自身がまず最初に演奏しつつ、あるいは演奏し終わって感動するくらいの音楽でなくて、なんで他人が感動するものか！

総勢100名以上が受けた「最後の指導」

だがこの本の製作が進むころ、松本氏は自宅からほとんど表に出ない生活になっていた。心配したOBたちは、花の季節には目白台下を流れる神田川の橋の上で待ち合わせ、宮崎氏とともにやってくる氏と花見を楽しんだ。

青木氏は上野の東京芸大で開かれるモーニングコンサートに氏を誘い、連れ立って演奏会に出かけた。だが氏が途中でトイレにいくと、いつまでたっても帰って来ない。探しに行くと、出口と入口を間違えて呆然とする氏がいた。認知症は否応なく、氏を蝕《むしば》んでいく。

２０１５年８月、癌は脾臓に転移し、二度目の手術が行われた。

16年12月、両校ＯＢは浦和高校に集い、松本氏を招いて「感謝の気持ちを伝える会」を開く。ＯＢ18人、現役部員27人、計45人で楽団を結成。当日約１時間練習した後に松本氏の指揮で「行進曲　勇気のトビラ」など2曲を演奏。演奏しないＯＢも50名を越えて参加。総勢１００名以上で恩師の最後の指導を仰いだ。終了後、渡辺氏が涙と共に花束を渡し感謝の言葉を述べた。それが松本氏の最後の外出となる。

２０１７年2月、三度目の入院は肺への転移だった。

この頃になると、さまざまな意味で生前の整理が必要であることは明白だった。入院した病院の医事課長は浦高のＯＢで、入院中の面倒を全てみてくれた。青木氏は川高ＯＢの弁護士・岡崎秀也氏に相談し、成年後見人をつけることにした。高校時代まで暮らした熊本の親族とはすでに交流はなく、宮崎氏を成年後見人として財産処分できる形にした。

入院中、宮崎氏は週に二度、青木氏は週に一度のペースで見舞いに訪れた。その時担当の看護師が「しげつぐさん」と呼んだことから、氏の本名がわかった。コンクールの時も使っていた「せいじ」は通名だったのだ。

松本ノート「吹奏楽演奏法マニュアル」の完成

なぜ松本氏がここまで孤独に生きたのか。その理由を示す書き物や言葉は、ついぞ出てこなかった。ある人は、「母親と妹二人を長崎の原爆でなくしているのではないか」と言う。三人を探しに直後に長崎に入り被曝《ひばく》したことから、自身も原爆症の発生を危惧《きぐ》して家族をもたなかったのか。あるいは幼少のころから、肉親とは縁遠い生き方だったという説もある。どんなに生徒と親しくなっても、どこかで冷たく一線を引いていたその生き方からは、さまざまな憶測が飛んだ。

入院してから約5カ月後の6月17日、「吹奏楽演奏法マニュアル」が完成し、病室に届けられた。すでにこの時、松本氏は言葉を発することはできず、うんうんと頷《うなず》くだけだった。だが松本氏は無言のうちに、自分の言葉が次代に残ることを確認して安心したのではないか。青木氏のもとに訃報が入ったのは、マニュアル贈呈からきっかり一週間後の6月24日午後7時ころのことだった。

病院に駆けつけると宮崎氏はすでに来ていて、その後のことの相談となった。当初は東京・白山にある宮崎家の菩提寺十方寺の永代供養墓地に葬る案が出た。葬儀にはその寺の住職が来て、宮崎家と川高ＯＢ５人浦高ＯＢ５人でひっそりと行われた。

その席に、川高吹奏楽部ＯＢの深谷雅良氏（吹奏楽部11期）が参列した。埼玉県富士見市で大應寺の住職を務める深谷氏は、「私に全てやらせてください」と言って頭を下げた。宮崎家の菩提寺に入っても、安立氏の次の代になったら供養も大変だ。深谷氏の意見通り、松本氏の遺骨は大應寺に眠ることになった。

享年88歳。宮崎安立氏と吹奏楽部有志の手で立てられた墓石の正面には、川高吹奏楽部を指導していた時代の笑顔の松本氏が描かれた。天涯孤独とはいえ、多くの教え子を育て、晩年には彼らに見守られた幸せな一生が、ここに幕を閉じた。

「ユニゾンを！」今も響く恩師の声

その死から約一月半後の8月11日、川高と浦高の吹奏楽部ＯＢは、さいたま共済会館において「松本成二先生を偲ぶ会〜卒業生による献奏会」を催した。

献奏したのは氏の指導でクラシック界に羽ばたいた錚々《そうそう》たるメンバーだった。

ピアノ、椎野伸一氏。川高出身（吹奏楽部11期）。東京芸術大学卒。安宅賞受賞。東京学芸大学教授。

オーボエ、渡辺克也氏。浦高出身(松本組7期)。東京芸術大学卒。ソリスツ・ヨーロパアンズ・ルクセンブルグの首席奏者。

ヴァイオリン、平澤仁氏。浦高出身(松本組3期)。東京芸術大学大学院卒。元東京フィルハーモニー交響楽団コンサートマスター。

クラリネット、鈴木龍仁氏。浦高出身（松本組4期）。国立音楽大学卒。関西を拠点に高校教師をしながら演奏活動を展開。

クラリネット、金子明弘氏。川高出身（吹奏楽部12期）。上智大学卒。大学の管弦楽団で演奏を続け、シーガル・フィルハーモニック・アンサンブルで活動。

クラリネット、井澤智生氏。浦高出身(松本組1期)。千代田フィルハーモニーオーケストラ、ジャパングスタフマーラーオーケストラ在団中。

そしてもう一人、巌丈志摩予備校の教え子で、東京大学文学部卒業後武蔵野音楽大学大学院声楽科を首席で卒業。イタリア留学後、本格的な演奏家として活動を開始したソプラノ、山崎陶子氏も参加した。唯一の女性の教え子だ。

演奏されたのは、
ベートーヴェン作曲、三重奏曲ハ長調、作品87
バッハ作曲、無伴奏ヴァイオリンのためのパルティータ第二番
ヘンデル作曲、歌劇「リナルド」より「わたしを泣かせてください」
ブラームス作曲、「6つの小品」作品118より第一曲、第二曲
ショパン作曲、ノクターン嬰ハ短調
そのパンフレットには、川高吹奏楽部の部歌として引き継がれている「いざ起て戦人よ」が記されている。

いざ起て、戦人よ
御旗につづけ、
雄々しく進みて、遅るなあだに
歌声あわせて、潮のごとくに、
正義のみ神は、われらの守り、

現在、川高吹奏楽部ＯＢ会は約１５００人を擁する組織を誇っている。数多ある部活動の中で、「戦人」の数が最大であることはまごうことなき事実だ。次の事業は２０２２年に行われる創部60周年式典。再び松本氏の立てた「御旗」の下に、全国から多くのＯＢが集まってくる。

その脳裏には、「ユニゾンを、徹底的にユニゾンを！」――。

松本氏の声が、いまも響いている。

3 文武両道の力

松藤千弥氏（東京慈恵会医科大学 学長）

～エース・トップ・リーダーであり続ける者

Profile

松藤千弥（まつふじ・せんや）

1958年生まれ。東京都出身。川越高等学校77年卒。少年期から抱いていた「医者になりたい」という目標を携え、東京慈恵会医科大学に入学。1983年に同大学を卒業。同年5月、東京慈恵会医科大学附属病院内科研修医。89年、同大学院博士課程を修了し、東京慈恵会医科大学栄養学教室・助手となる。92年～95年、米国ユタ大学人類遺伝学講座・ハワードヒューズ医学研究所へ留学。01年、東京慈恵会医科大学生化学講座第2・教授。07年には東京慈恵会医科大学分子生物学講座・担当教授となる。そして13年4月、東京慈恵会医科大学・学長に就任。専門分野は遺伝子発現調節およびポリアミンに関する生化学・分子生物学。

守りつつ発展させていく使命

その存在は、川越高校在学中から有名だった。

身長わずか170センチでありながら、約70年の歴史を持つバレーボール部のエースとして活躍。3年次の1976年（昭和51年）には、6人制競技になってから同部史上初めて全国選抜優勝大会（春の高校バレー）と10月に行われた国体（佐賀県）に出場。その間、学業成績でも全学で常にトップ10をキープして、現役で慈恵医大に合格した。川越高校が掲げる大きなテーマである「文武両道」を体現する存在として、同級生や下級生にとっては羨望《せんぼう》の的だったのだ。

慈恵医大では大学院から基礎医学研究に進み、栄養学をテーマとする。1992年〜95年、アメリカ・ユタ大学人類遺伝学研究所へ留学。帰国後は01年に生化学講座（その後、分子生物学講座）の教授となり、13年4月から同大学学長を務めている。医科大学のトップに位置する者として、現在のミッションを松藤千弥氏はこう語る。

「私は本学において、教育研究部門を任されています。教育に関して本学は、理念が比較的はっきりしています。国公私立に限らず、現在の国内の大学医学部は、そのほとんどが東大医学部を頂点とするヒエラルキー内に位置していますが、本学はその歴史もあってあえて傍流にいる。

そのことをブレずに継承していくのが私の使命だと思っています」

そもそも明治開国期の日本の医学界は、東京帝国大学（現・東大）医学部も陸軍軍医団もドイツ医学一色で、学理第一・研究優先の方針をとっていた。

それに対して慈恵医大の創立者である高木兼寛は、もともと海軍軍医だった。1875年（明治8年）にイギリス・聖トーマス病院医学校に留学し、帰国後はイギリスで学んだ患者本位の医療を広めることに努めた。「病気を診ずして病人を診よ」という言葉が残っている。研究活動よりも、もともとヒポクラテスが掲げた患者本位の医学に回帰していったのだ。東大を日本の医学界の主流とするなら、あえて傍流の立場をとったといっていい。

海軍医務局副長に就任した明治16年には、当時軍隊内部で流行していた「脚気《かっけ》」の撲滅に取り組み、食事に原因があると主張した。海軍では洋食に麦飯を合わせる兵食改革を断行し、発生数、死亡数ともに激減するという劇的な成果をあげた。現在横須賀に残る「海軍カレー」は、兵食改革期に生み出されたメニューだ。

一方、森鷗外らが先頭に立つ陸軍では、脚気は細菌説をとり、バイ菌が原因だとした。長く論争が続いたが、高木が説いた「麦飯優秀説」（白米よりも麦の方がタンパク質が多い）は日露戦争以後に評価され、その延長線上に外国人研究者によるビタミンの発見もあった。

高木の業績は国内よりもむしろ欧米においてより高く評価され、フィラデルフィア医科大学やコロンビア大学などから名誉学位を授与されている。また南極にある「高木岬」は、彼の業績を讃えて命名されたものだ。松藤氏はこう語る。

「高木先生が残したといわれる『病人を診よ』という患者中心の理念は有名なので、昨今では受験生でも面接の時にこれを言います。本当は高木先生の言葉ではなく、その精神を示す言葉としてあとから生まれた言葉なのですが――。創立以来約140年にわたってこの理念がぶれていないのが本学の大きな特徴であり、それを守りつつ発展させていくのが私の使命だと思っています」

「患者本位」の理念を実現するために

現在の医学界において、慈恵医大はどんなミッションを掲げて教育活動を展開しているのだろう。

「本学は附属病院を併設する医学部なので、病院診療、教育、そして研究活動が3本柱となります。教育部門ではしっかりとした実績を残しています。文科省の教育補助金はほぼ途切れなく獲得してきましたし、医学教育国際認証でも高い評価を得ました。対照的に研究部門が比較的弱くて、目の前の患者のケアに傾注するあまり、その成果はいま一つという状況です。

そういう中で注力しているのは、例えば癌など不治の病にかかった時に、その人らしい生活を保つ、苦痛を和らげる「緩和ケア」の分野です。いままでは医師の経験値で対処していましたが、そこにもエビデンスがあって、患者のどこをどう支えればいいのか、より研究を深めたいと思っています。

また日本における看護師教育のリーダーとしての伝統もあります。高木先生が1882年（明治15年）に創立した現在の慈恵医大病院の前身の有志共立東京病院は、日本の看護師教育の先駆と言われています。英国留学時代に聖トーマス病院に付設されていたナイチンゲール看護学校を目の当たりにした高木先生は、帰国後看護教育にも積極的でした。患者本位というイギリス医学の理念は、ナイチンゲールの時代から続いていて本学に流れ込んでいるのです。

現在の看護学科にはもちろん男性も入れますし、男性看護師も増えています。川越女子高校からは入学してくれましたから、川越高校からもぜひ受験してほしいと思います」

医者以外の職業は「考えたことがない」

「私の場合、物心ついたころから医者になりたいという目標を持っていました。医師の家系ということもなく、親戚には一人医者がいる程度で親から勧められたというわけでもありません。それでも小さいころから医者以外の職業は考えたことがありませんでした。少年時代は昆虫やその他の生物は好きでした。自然界の不思議なことが好きだったので、物理とか生物など、科学的な好奇心は旺盛《おうせい》だったと思います。

大学選びにあたっては、もちろん医学部に行こうとは思っていましたが、どの大学に行けばどんな将来が開けているのかは、今思えば全くわかっていなかったですね。受験では本学と自治医大、東京医科歯科大学を受けて前者2校に合格しました。当初は、卒業後9年間、出身県の地域医療に従事すれば学費免除という規定に惹かれて、自治医大に進もうと思っていました。でももし自治医大に行っていたら、現在のように基礎研究職に進むことは無理でした。そういう大学ごとの特徴も含めて、進路に関してアドバイスいただいたのは慈恵医大出身の医師でした。貴重なアドバイスだったと思います」

3年の2学期中間テストまで現役バレーボール部

幼少期の早い段階で医者を目指していたと語る松藤氏。川越高校に進んだのは進路を考えてのことということはわかるが、疑問なのは、そこまで医学界への進学希望が固まっていながら、なぜ当時最も厳しい部活動と言われたバレーボール部に入部したのかという点だ。受験に差し障りがあるとは考えなかったのだろうか？　あるいはそれ以外の価値がバレー部にあったのだろうか？　松藤氏はこう振り返る。

「もともと医学部に行くために川越高校に入ったわけではありません。浦和高校受験という選択もなくはなかったのですが、浦和は家（入間市）から遠いし高校では運動もやりたい、普通の高校生活を送りたいと思っていたのです。大学のことを考え出したのは高校3年生になってからでしたし、トップクラスにいないと医学部に行けないなどとは考えていませんでした。

バレー部を選んだのは、中学時代、埼玉に転校する前の2年間バレー部にいたからです。入学して2年上の先輩のプレーを見てかっこいいと思いました。指導者の萩原秀雄先生があんなに厳しくて、部活動を続けるだけで大変だとは全く知りませんでした。

一緒に入部した部員には、中学時代に全国大会に出場した人が何人かいました。私は身長も低くてほとんど素人同然でしたから、レギュラーになれるなんて思ってもみなかった。練習が厳しくなって勉強ができなくなるなんて考えもしなかったのです。

ところが1年生の夏休み前に、同級生で180センチもあるスタープレイヤーが退部してしまって、私がレギュラーに入れられてしまったんです。そこからの練習は本当に大変でした。平日は放課後下校時間ぎりぎりまで練習。週末も丸一日練習。練習試合では群馬や東京、神奈川の高校にも遠征したし、夏冬の長期休みには合宿もありました。関東地区の強豪校がやってきて、3泊とまりがけで一日十数セット練習試合を続けるのです。当時のことですから、怒られるときは殴《なぐ》られる。練習試合が始まる前にすでに数発殴られている生徒もいました。

私は元々膝が悪かったので、腰を落としてレシーブする姿勢がきつかった。いよいよ無理だと思って、一年生の秋のある日、先生に退部したいと相談に行きました。その時初めて、萩原先生とじっくりと話す機会を持つことになったのです」

松藤氏が入学した1974年当時、バレーボール部の監督を務めていたのは次項でも紹介する体育教師・萩原秀雄氏だった。1944年東京生まれ、日本体育大学のバレーボール部ではキャプテンを務めた。1967年の埼玉国体の強化メンバーとして県教諭となり、66年に川越高校に赴任。国体では教員チームを率いて日本一を獲得し、その後は14年間にわたって川高バレー部を鍛えて黄金時代を築いた。春の学徒大会、夏のインターハイ予選、秋の国体予選、冬の春高バレー予選。年に4回行われる県大会ではベスト4の常連校となり、優勝することも珍しくなかった。

次項のインタビューでも語っているが、部活動だけでなく体育教師としても、川高が誇る「文武両道」を掲げて、過酷なトレーニングを全校生徒に課した。同時に本人もまた川越高校での実践を通して、運動と頭脳の相関に関して日々新たな発見があったという。

後、異動した坂戸西高校では25年間在籍してバレー部を15回にわたって全国大会に導いている。日本代表チームに入って活躍するOBもいた。

その間、埼玉県高体連バレーボール専門部長、全国高体連バレーボール専門部長を経て、04年のアテネ五輪直前からは日本バレーボール協会強化事業本部長に就任。08年北京五輪ではバレーボールとビーチバレー×男女の4チームの団長を務めた。高校バレー界出身者としては極めて珍しく、バレー界の本流にまで登り詰めた人物だ。

松藤氏たちの在学期間は、その萩原氏の30代前半に当たる。練習も厳しかったはずだ。氏はどんなふうに師弟の関係を結んでいったのだろうか。

「1年生の秋にレギュラーに抜擢《ばってき》された時は、嬉しかったけれど「これは大変だ、監督も怖いし」という気持ちでした。新チームのレギュラーの中には、中学時代の全国大会経験者が3人くらいいたので、先生は全国大会出場を狙おうと思っていたはずです。とにかく練習がきつくて膝が痛くて、これ以上続けられないと思って退部したいと相談にいった時、初めて先生とじっくり話すことができました。

それまではやたら怖い人、体育会系の人というイメージだったのですが、話してみると意外にロジカルに説得してくる人でした。膝が痛くて辛いんだったら、レギュラーから外れて前のポジションに戻ってやればいい。いまは筋力が足りないからそういうことになるけれど、いずれ時間が解決してくれる。筋力がついてきて普通にプレーできるようになったらレギュラーでがんばれと、納得できるまで説明してくれました。

普段は殴られたりもしていたのですが、そういう一面があるのかと納得して、そこからは監督にとにかくついて行こうと思えるようになりました。どんなに厳しい練習を課されても、そこには教育するという視点があったし、ロジカルな面もあった。そういう多面的な要素を知って、尊敬できるようになったんです。ギャップもあったけれど、最終的には我々生徒を育てるということにフォーカスしていた。それ以降は辞めたいと思ったこともありませんでした」

——学年が進むにつれて、勉強と部活動の両立は難しくなりませんでしたか?

「そもそも2年のころは医学部に現役で入るという感覚はなかったように記憶しています。部活動中心で生活していました。もちろん授業と教科書で勉強もしていましたが、3年生の春には春高バレーに出場できたし、関東大会でも何回か勝つことができました。

ところが夏休み前のインターハイ予選決勝で、よもやの敗戦を喫したのです。普通ならばそれで引退となるところなのですが、この時は萩原先生から集合がかかって、秋の国体に行ける可能性があるけれどチャレンジするか？ と一人ひとりの考えを聞かれました。ちょうど国体の期間は二学期の中間試験の最中で、受験を考えたらとても大変な時期です。でもこの時は3年生全員が『いきます、やります、やらせてください』と言ったんです。私は全員が答える前からやりたいと思っていたのですが、自分からは言い出しにくい雰囲気があってどうなるかと思っていたのですが、全員がそう言った。いやだとは思わなかった。凄いチームだなとその時思いました。

国体当日は、当時の小室忠良校長も佐賀まで応援にきてくれたのですが、試合後に『ゆっくり温泉でも入って帰ってください』なんて挨拶されて、微笑《ほほえ》ましく思ったことを覚えています。

でも国体前に一つ不思議なことがありました。大会目指して朝練習もやっていたらしいんですが、私だけそれを知らされていなくて、練習に出なかったのです。卒業後20年くらいたってから朝練習があったことを聞いたのですが、私には寝耳に水でした。私だけはその分勉強していなさいということだったのか？　周囲はそれとなく私のことをサポートしてくれていたということだったのか？　真相はいまもわからないんです」


――バレーと学業を両立していくためには、効率的な勉強をしていたのでしょうか？

「確かに在学中はバレーの練習が長時間ありましたから、家での勉強も時間的には短かったはずです。そこでは効率的に勉強することが必要でした。入試の前にはある程度勉強の効率は求められると思います。自分をコントロールする能力も求められるでしょう。

ところが現在の医大学長という立場で考えると、この『効率のいい勉強法』には問題が多いことがわかってきました」

松藤氏はそう言って、再び学長の立場に戻って、現在の医学部の学生たちの状況を話し始めた。

高校時代に身に付けるべきなのは「総合力」

「多くの医学部の学生をみていると、入学してから医者になるまでの長い期間における勉強の仕方に問題がありそうです。高校時代に経験してきた受験型の『効率的な勉強』を、大学に入ってからもそのままやっていてはまずいと思うのです。

というのは、現在は医学の急速な進歩により、医師になるまでに身につけなければならない知識は膨大になっています。医学部に入学してくる学生は、受験勉強においては効率的に勉強して高い点数をとってくるのですが、大学生になったらこのやり方は忘れないといけない。受験のやり方では暗記して試験でよい点数は取れても、理解して知識を頭の中に整理するということにならない。学び方を変えないと2年生くらいで破綻して、ドロップアウトしてしまうケースがよくあります。

確かに入試の時は競争ですから、ある程度効率は求められます。ところが医者になるということは患者に相対するということ。医学の教科書通りの患者などいないし、医者はいろいろ複雑なことを並行して覚えていかなければならない。受験のように○×では判断できないのです。医学の知識は膨大であっても、絡み合って連なって一つの知識となります。個々のパーツで覚えていても駄目で、頭の中でひっかかっていて他の知識とつないでいく力がないと患者には向きあえません。受験で鍛えた効率的な勉強方法を捨てることができるかどうかが、医学部の学生にとっては大きなポイントになると思います」

――医学部を受験してくる高校生をみていて、どんな生徒が「医者になる力」を備えていると思いますか？

「一つは社会とのつながりを持っているかどうかです。私はまずその視点で生徒をみます。医学部を目指してくる生徒は、最近では東京近郊の私学の学生がほとんどです。そういう子は高校の3年間受験勉強漬けで、長期間効率のいい勉強を続けてきている。でも、学校でも家でも受験勉強しかしていないと、社会との関わりが薄くて、ＳＮＳの怖さとか人間関係の機微だとかがわからない。知らないんです。

昨今はニュースでもアルバイトの『テロ動画』とかが問題になりますが、医学界でも患者に対する差別的な表現だとか個人情報の漏洩とか、さまざまな問題が起きています。そういう問題を起こすのは、高校時代の3年間、受験勉強しかしてこなかった学生に多かったりするのです。

やはり高校時代の3年間は、バランスが必要です。勉強だけでなく、さまざまな活動を通して他者と触れ合ってコミュニケーション力を鍛えること。人がどう考えているか想像すること。自分の言葉が人にどう伝わるのか想像すること。そのためにはやはり読書したり映画を見たり、人と触れ合ったりぶつかりあったりする体験が必要です。

そういう意味では、川越高校にはいろいろな仕掛けがほどこされていると思います。仲間もいる。伝統もある。キャンパスも素晴しい。駅から遠いことも素晴らしい仕掛けです。先生も情熱的で素晴らしい。先輩も面白い人が大勢いる。ウォーターボーイズのような企画力もある。そういうところを貪欲に使っていけば、勉強以外のところで将来の糧《かて》を得ることができる。医学部からみても、そういう総合力が『医者になる力』だと言っていいと思います」

患者を前に、医師・研究者・教育者として

松藤氏の歩みを振り返ると、まさに巨大な「総合知」の塊《かたまり》をみる思いだ。

研究者としては、学部生時代からポリアミンという物質に着目し、その調節機能に関する研

究を続けてきた。生命科学の分野では最高の学術誌『セル』に、筆頭著者として論文を発表したこともある。現在は日本ポリアミン学会の会長も務めている。

アメリカ留学からの帰国後は、のちにノーベル賞を受賞した京都大学iPS細胞研究所所長の山中伸弥教授とも同じグループで研究を重ねてきた。98年からは、医学部の教育改革の波に乗り、アクティブラーニング系の授業を展開すると学生からの支持が集まり、教学委員長を務めた。その3年後、教授会の選挙によって学長に推挙されている。

もちろん研究者としては研究現場への未練もあったというが、「学長という役割をやれということならやりましょう」と、その大役を引き受けることにした。今後の展望をこう語る。

「医学界全体については、将来に対する危機感があります。医学医療は国家の課題ですが、その発展のためには医師がリーダーシップをとらないといけない。その前の患者に気持ちを集中するだけでなく、社会全体に目を向けないといけないと思います。

まずは現場から声を出すことです。慈恵医大は歴史のある古い大学ですから、先輩たちは日本の医学界全体を考えて発言し、実行してきました。私はいい医師を育てて医療の現場に、そして社会に送り出す。そこで彼らはさらに素晴らしい医師として成長してくれることでしょう。今は教育に生き甲斐を感じているので、若手を育てることに邁進《まいしん》したいと思います」

体育教師、バレー部顧問・萩原秀雄氏

～有力選手スカウトなしの公立校でも、勝てる

長距離走は「精神修養」である

松藤氏が体現した「文武両道」は、振り返れば川越高校の長い歴史の中で繰り返し求められてきた永遠のテーマの一つと言っていい。それは運動部だけが掲げたテーマではない。いつの時代でも卒業生に話を聞くと、多くの者が1年次の体育の時間の４００メートル走や１５００メートル走の厳しいトレーニングが記憶に残っているという。

『百周年記念誌くすの木』を繙《ひもと》けば、そのルーツとなる長距離走が初めて行われたのは１９４８年（昭和23年）のこと。旧制中学から新制高校に切り替わったこの年に、たまたま重なった創立50周年記念行事としてマラソン大会が開かれた。コースは正門から氷川神社↓芳野村↓川越商業高校↓正門の全行程5キロメートル。新制高校としての歩みは、まず走ることから始まったのだ。

それ以前の戦時中には、37年（昭和12年）から毎年5月の海軍記念日か開校記念日に「1万メートルマラソン」が行われている。こちらは軍事教練の意味合いも強かったはずだ。

長距離走が行事として定着するのは51年（昭和26年）のこと。

「新1年生の入学を祝い、全校生徒のマラソン競技を実施して士気の高揚を図り、堅忍持久の心身と体力に対する自信と反省の機会を与え、兼ねてスポーツマンシップを養う」

戦後6年目にして新たに始まった「新入生歓迎マラソン」の目的には、こう書かれている。コースは本校グラウンド↓氷川神社↓芳野村↓盲唖学校裏↓川越神明町↓鐘撞堂↓正門の6キロメートル。生徒たちは足袋《たび》かズック靴で参加し、優勝者にはパン3個が振る舞われた。以降この大会は走行距離を徐々に伸ばし、54年（昭和29年）には10キロメートルとなる。だが交通事情の悪化により、66年（昭和41年）までで中止となった。

昭和20年代半ばには、陸上部が全国的な活躍をしている。12月に大阪で行われる全国高校駅伝競走において、51年（昭和26年）6位、52年3位、県内では敵なしの強豪だった。

個人種目でも、52年8月の全国高校陸上競技大会5000メートルでは木村昭夫選手が優勝した。こうした勢いを受けてか、53年からはマラソン大会とは別に、クラス対抗駅伝も始まった。

その目的は「寒さと困苦を克服して士気を高揚し、協同責任友愛の精神を養い堅忍持久の心身を鍛える」とうたわれている。

コースは本校正門〜武蔵嵐山間の往復64キロメートル。12区に分かれ、伴走者は自転車、自動車、ハイヤー（！）等、各クラスで自由に使用してよかった。

この駅伝は63年まで11回にわたり行われ、交通事情の悪化により64年は中止。65年にコースを変えて復活したが、68年に雨で中止になったことで、この年をもって最後となった。「翌年からはこれにかわって校内競歩大会が始められた」と「百周年記念誌」には記録されている。以降70年を除いて毎年5月か6月には「競歩大会」が実施され、75年には高坂神社〜学校間、約17キロのコースとなった。

長距離のコースとなったことで、トラブルもあった。現役体育教諭、山崎真良《まさよし》氏によると、

・72年（昭和47年）、先頭集団を走っていた一団がコースを間違えて道に迷ってしまった。ゴールするまでに時間がかかり、捜索が行われた。

・80年（昭和55年）には、酷暑のために12キロ付近で二人の生徒が倒れた。15キロで3人、学校近くで一人、ゴール後に二人。計8人が救急車で運ばれ、医務室で救護した生徒は20名近くに及んだ。

初夏の開催では気象条件が厳しいため、翌年からは11月開催に変更されて、コースも川越市上戸運動公園から本校までの12キロとなった。

83年には奥武蔵グリーンラインの林道を使うコースに変更された。正丸峠、刈場坂峠、顔振《かあぶり》峠、吾野《あがの》、越生《おごせ》一帯を使った約30キロの3コースが設定され、当初はローテーションで行われていたが、現在は正丸峠~刈場坂峠~顔振峠~越生の30キロで行われている。3年生が9時40分、2年生が10時10分、1年生が10時40分にスタートする。ゴールは15時。山道のために必ずしも走ることは強制されていないが、制限時間内で踏破するためには、かなりの脚力が必要だ。

このように時代によって形式やコース設定、取り組みの目標などは異なるが、常に川越高校では全校行事として長距離走が行われていた。その取り組みをみても、いずれの時代にも「文武両道」が大きな教育テーマとなっていることは間違いない。

厳しい課題でも必死に食らいついてくる

「着任してすぐの年に、体育科の研究発表があって『筋持久力』というテーマを掲げたことがありました。筋持久力を鍛えれば精神的な持久力も鍛えられると考えて、川高生の持久力を鍛えていったんです」

66年（昭和41年）に大学バレーボール界のトップアスリートとして本校に赴任し、14年間にわたって体育の授業とバレー部の顧問を務め、松藤氏らの指導も行った萩原秀雄氏は、当時の思い出をそう語る。体育大学出身の氏にとって、進学校である川高ではどんな生徒に出会えるのか、手探りの状態だったという。ところがそこで見たのは、意外にも運動にも積極的に取り組む、がんばりの利く生徒たちだった。

「着任当初から『文武両道』はかなり意識しました。川高の生徒は将来、社会に出てリーダーにならないといけない。進学や受験を目指すだけでは駄目で、全ての面で優れていなければいけない。そう思って、体育の授業でもかなり厳しい課題を出したのです。

そういう中で川高生の素晴らしさは、厳しい課題を出しても一生懸命にがんばるところだと気づきました。マラソン大会や競歩大会、鉄棒の懸垂《けんすい》、体育の授業での４００メートル走や１５００メートル走、そういう誰もが嫌がることを、運動能力の善し悪しにかかわらず一生懸命にやるんです。４００メートル走のタイムトライアルでは、がんばりすぎてゴール後に倒れて保健室に担ぎ込まれ、私が英語の先生に怒られたこともありました。１５００メートルでは、

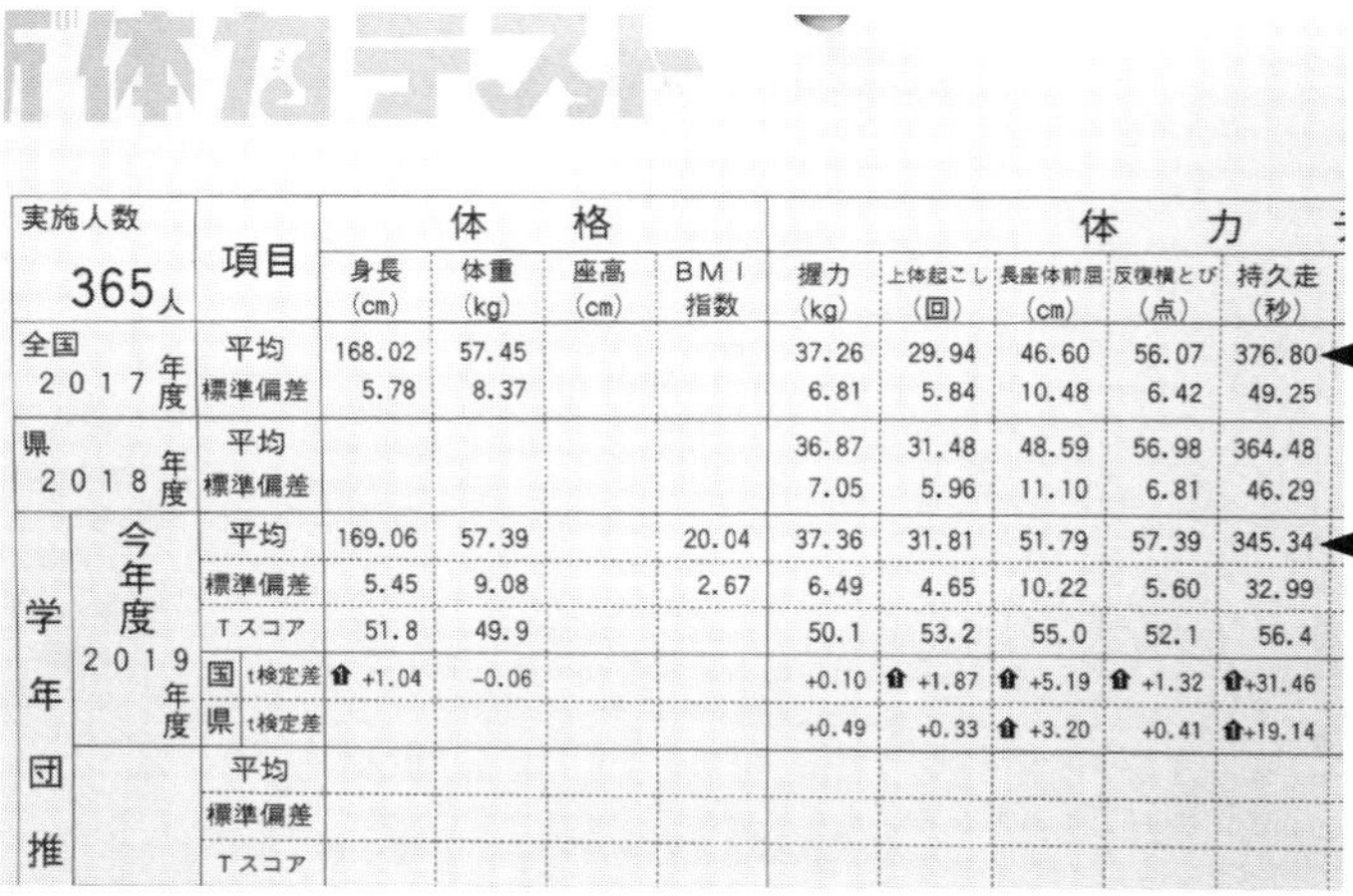

実施人数 365人	項目	体格 身長 (cm)	体重 (kg)	座高 (cm)	BMI指数	体力 握力 (kg)	上体起こし (回)	長座体前屈 (cm)	反復横とび (点)	持久走 (秒)
全国 2017年度	平均	168.02	57.45			37.26	29.94	46.60	56.07	376.80
	標準偏差	5.78	8.37			6.81	5.84	10.48	6.42	49.25
県 2018年度	平均					36.87	31.48	48.59	56.98	364.48
	標準偏差					7.05	5.96	11.10	6.81	46.29
学年団推 今年度 2019年度	平均	169.06	57.39		20.04	37.36	31.81	51.79	57.39	345.34
	標準偏差	5.45	9.08		2.67	6.49	4.65	10.22	5.60	32.99
	Tスコア	51.8	49.9			50.1	53.2	55.0	52.1	56.4
	国 t検定差	⬆ +1.04	-0.06			+0.10	⬆ +1.87	⬆ +5.19	⬆ +1.32	⬆+31.46
	県 t検定差					+0.49	+0.33	⬆ +3.20	+0.41	⬆+19.14
	平均									
	標準偏差									
	Tスコア									

全国平均
川高平均

2019年度の体力測定の結果を見せてもらった。どの種目も全国平均を上回るが、中でも持久走（1500メートル走）については、全国平均を30秒以上上回る。

あるクラスの平均で5分18秒という記録も出たはずです。県の平均が6分くらいでしたから、かなり速い数字です。鉄棒の懸垂を課すと、5回、10回、15回と区切りの数字までがんばる生徒が多かった。低鉄棒で蹴あがりの課題を出したら、昼休みに練習をして、ほとんど全員ができたクラスもありました。

つまり生徒たちは、我々教師の言うことに納得すれば、目標を立ててがんばる。必死に食らいついてぎりぎりまでがんばれる。ガリ勉の生徒ばかりじゃない。頭のいい子たちはそういう資質を持っているんだと再認識しました」

負けてもよし、だがなぜ勝てないのか「考えろ」

バレー部での指導でも、当初からスパルタだった。就任4年目の69年に学徒総合体育大会県大会で初優勝。以降県大会ではベスト4、準優勝、優勝と輝かしい成績を残している。関東大会には14年間で10回出場を果たした。

その一方で、あまりの練習の厳しさに部員全員が退部を希望してきたり、部員が6名を切りそうになったこともある。その指導は常に生徒のモチベーションとの格闘でもあった。萩原氏はこう振り返る。

「松藤くんたちの代をもったのは、川高に着任して8年目。あの代で感じたのは、勝負においても頭脳の優秀な生徒は強いということでした。あの代は学業でも松藤くんが学年でトップ5にいて、レギュラーの3年生の4人が50番以内にいた。秋の国体まで参加したのですが、それでも松藤くんだけでなく、北大、慶応、筑波にも現役で入っていきました。佐賀国体に向かう新幹線の車中で全員が教科書や参考書を開いて勉強を始めたんですが、県の体育課の役員がそれをみて感動して、なにかの挨拶で川高は素晴らしいと語ったほどです。

それ以前までは、勝負と頭のよさには関係はない、進学校の監督になったことは、勝利を狙うスポーツマンとしては遠回りだったかと思っていましたが、そうじゃない。私の方が彼ら生徒に教わることが多かった。私自身も変わったと思います。有力選手をスカウトできない公立校でも勝てるということを証明できたことで、自分としてもずいぶん自信になりました」

当時の埼玉県内の男子バレーボールの強豪は、熊谷高校、所沢高校、春日部高校といった公立高校だった。松藤氏の代の前後から深谷高校が力をつけ、全国有数のレベルとなる。のちに台頭する私立校も含めて、強豪校では有力選手をスカウトすることが当然だった。けれど公立の進学校ではそれができない。だからつねに川越高校チームは低身長、少人数だった。

その群雄割拠状態から一歩抜け出すために、萩原氏は普段から猛練習を選手に課した。入学式や卒業式の前には、体育館に翌日の式典のための椅子がきれいに並べられている。バレー部員はそれを一度片づけて練習し、終わればまた元の状態に戻す。2年次の修学旅行でも、京都の朝、ユニフォーム姿で走る。

さらに冬休みには思い切った合宿形式の練習試合を企画した。当時、関東の御三家と言われた早稲田実業（東京）、法政二高（神奈川）、習志野高校（千葉）、さらに高崎商業（群馬）、足利工大付属（栃木）といった強豪校の監督に声をかけ、川越高校で3泊の練習合宿を敢行したのだ。参加選手の中にはのちに日本代表入りする者もいた。そういう相手と一日10～20セット戦う。もちろん身長180センチを超える大型選手が、はるか頭上からアタックを打ってくるのだから、初日は一セットも取れない。ところが2日目、3日目になるとレシーブで粘って勝てるセットも出てくる。松藤氏たちの代のキャプテンだった西敬氏は、「百周年記念誌」に、こんな言葉を寄せている。

「(練習試合での萩原先生からは)『負けてもよし、だがなぜ勝てないのか。どうしたらいいのか』を作戦タイムのたびに考えさせられた。自分でなんとかしなくてはいけない場面(試合)にあっては、私たち選手に『考え直す場』を与え続けてくれた」

松藤氏も、そういう環境の中で鍛えられた。萩原氏が振り返る。

「もちろん相手は日本有数の強豪校ですから、厳しいのはわかっていました。それでも高校生ですから、何セットもやっていれば相手のスキもわかるし、同じレベルになるから勝てるケースも出てくる。そうやって精神力も鍛えて、全国まで勝ち上がったんです」

川越高校はレシーブが安定している。試合巧者でいつのまにかリードしている。そういう評価が出て、松藤氏たちの代は春高バレーではベスト16、関東大会でもベスト8入りという結果を残した。

進学もある、でももう一度全国大会にチャレンジしたい

とはいえ、前項でも語られた、松藤氏たちが3年の秋の佐賀国体へ出場することは難しい決断だったのではないか。受験との兼ね合いをどう解決したのか。そこにはどんなプロセスがあったのか？　萩原氏はこう振り返る。

「あの時は夏休み前のインターハイ予選で、当時台頭してきた深谷高校によもやの敗戦を喫したわけです。いつもの代ならそこで引退です。呆然としましたが、県のバレーボールの強化委員だった熊谷高校の先生が「あの子たちをこのまま辞めさせてしまうのはかわいそうだ。国体までやらせたらどうだ」と言ってくださった。そこでまず保護者を集めて、「進学もあるけれど、もう一度全国大会にチャレンジさせてもらえませんか」と説明したんです。すると全員が賛成してくれました。その上で生徒を集めて意思を確認したら、全員がやりますというので、国体予選への参加を決断したのです」

予選では、準決勝で深谷高校が熊谷高校に敗れ、決勝では川越高校が熊谷高校を破り、見事に国体に駒を進める。この時のことで、一つ聞きたいことがあった。

——その大会前の練習で、松藤氏だけは朝練を免除された記憶があるといいます。そういう

事実はありましたか？

そう問うと、萩原氏は首をひねりながらこう言った。

「それは覚えていませんね。受験勉強を理由に彼だけ練習を免除するという判断はしなかったはずです。なぜなら他のレギュラーの子も難関大学を狙っていましたから。松藤くんは半月板を壊していたので、無理をさせなかったということではないでしょうか」

むしろ萩原氏が記憶しているのは、東京都体育館で行われた春高バレーの日のことだという。応援を要請したわけではないのに、客席には応援団の大団旗が翻り、力強いエールがこだました。当日は生徒総会があったというが、大勢の生徒が千駄ヶ谷の体育館にやってきて応援を展開してくれたのだ。

「生徒総会のことはあとから聞いたのですが、川高生は一人一人の判断で応援に来てくれたのだと思います。川高生らしいなと思いました」

結局14年間の在任中、バレー部が全国大会に出場できたのは松藤氏たちの代の2度だけだった。インターハイに行けなかったことを心残りとして、萩原氏は81年（昭和56年）に坂戸西高校へ異動する。

以降25年間にわたる同校在籍中、バレー部は15回の全国大会出場を果たし、全国大会の常連となった深谷高校に次ぐ埼玉県の強豪校として名を馳せる。卒業生たちは何人も実業団チームに入り、中でも東レ・アローズに入部した米山裕太選手は、２００９年から日本代表入りして活躍した。

萩原氏の教員退職後の日本バレーボール協会内での活躍はすでに述べた通り。北京五輪へは団長として出場を果たし、協会内でも使命を果たした。

いまは男子バレーボールのさらなる普及を目指して、埼玉県に市民スポーツクラブチーム「アザレア」をつくり、V2リーグに所属している。トップチームだけでなく小学生、中学生、高校生、そして大学も巻き込んでバレーボールの一大ヒエラルキーをつくり、未来を担う選手を育てている最中だ。インタビューの最後に、萩原氏はしみじみとこう語った。

「日体大のバレーが全てだと思っていた若き日に、川高に行けてよかった。優秀な生徒たちに出会えて、私のバレー観も変わりました。その意味で川高は間違いなく私の恩師です」

今日もボールを追うその姿の原点の一つは川越高校にある。氏の姿は二人目の日本代表選手の育成を目指して、今日も体育館にある。

4 異文化の力

山本 浩氏
（元NHKアナウンサー・法政大学教授）

～自分の視点と外からの視線を同時に持つ

Profile

山本 浩（やまもと・ひろし）

1953年生まれ。島根県出身。川越高等学校72年卒。1976年に東京外国語大学外国語学部を卒業し、同4月に日本放送協会（NHK）入局、福島放送局に配属。その後、松山放送局、東京アナウンス室、福岡放送局、東京アナウンス室勤務（～1993年）。2000年、NHK解説委員。07年、日本相撲協会「再発防止検討委員会」外部委員に就任。09年、NHKを退職し、法政大学スポーツ健康学部教授に就任。13年、同学部学部長に就任。2020年東京五輪招致活動では、IOC評価委員への国内プレゼンテーションを務めるなど、東京五輪招致活動を陰で支えた功労者の1人。

「マラドーナ！ マラドーナ！ マラドーナ！」連呼の名実況

ＮＨＫのアナウンサー時代には、サッカー中継で数々の名言を残している。

「東京千駄ヶ谷の国立競技場の曇り空の向こうに、メキシコの青い空が近づいてきているような気がします」

１９８５年、翌年のワールドカップ・メキシコ大会への初出場をかけて、日本代表チームが宿敵韓国と闘った試合前のフレーズだ。Ｊリーグの誕生前、まだプロ化の予感すら生まれていない状況で、低迷する日本サッカー界の最後の希望だったワールドカップへの思いを、当時32歳の山本浩氏はほぼアドリブでそう表現した。

あるいは翌86年には、そのワールドカップ・メキシコ大会の準々決勝で誕生したスーパープレイをこう伝えている。

「マラドーナ、マラドーナ、マラドーナ、来た～マラドーナ～！」

アルゼンチン対イングランド戦、中盤でボールをもったディエゴ・マラドーナは４人のディフェンスを次々と抜き去り、キーパーまでも置き去りにして「５人抜き」で見事ゴールを決めた。アルゼンチンはそのまま勝ち進み、２回目の優勝を果たした。山本氏のアナウンスは、名実共に世界一のプレイヤーになったマラドーナを祝福するものとして、サッカーファンの脳裏に深く刻まれている。

サッカーを担当するアナウンサーとしての最初のステップは、松山局時代のこと。たまたま日本代表チームの特別コーチとしてやってきた、74年ワールドカップ優勝メンバーで、のちドイツ代表チーム監督となるベルティ・フォクツ臨時コーチへのインタビューだった。東京外語大学ドイツ語科卒業という経歴が、このインタビューを実現させた。

NHKを退職後、いまは法政大学スポーツ健康学部教授として、後進を指導する日々。2017年から18年にかけては、研究員留学でドイツに滞在。ここでも数々の異文化体験を積んできた。

世界的なスケールでスポーツを中心に活躍するジャーナリストは、実はその始点となる川越高校時代から「異文化の視線」を持つ人だった。

犬ぞり社会とムカデ競争社会

「現在大学で実践しているのは、ゼミ的な学び方です。先生が課題を出して学生がそれを解決するというのではなくて、学生が自ら動いて課題を見つけてそれを解決していく。社会の真相に触れているか。社会とかかわる実体験があるか。身体を動かして学びとっているか。上意下達ではなく、自ら社会の刺激を受けながら判断して自分なりの結論を出していく。教員はただ社会との整合性をアドバイスするだけ。そういう『学び方』が求められているし、それができる学生には『のびしろ』があると思います。

ところが社会的にみると、日本社会は歴史的に見てそういう『突き放し方』が苦手なんです。たとえばドイツでは、赤ちゃんと添い寝する親はいません。2歳の幼児でも、夜になると一人部屋に寝かせて両親は隣の部屋で休む。家族で森の中を歩いていても、子どもを先に歩かせて親はあとから見守りながら歩くのではなくて、親が先に歩く。もちろんあとからくる子どものケアはしているんですが、子どもは後ろからよちよち歩いていく。エレベーターに乗るときも親は先に乗る。スーパーのレジでも親が買い物を済ませれば、子どもが何をほしがろうが一切関知しない。そういう環境の中で育てられた子どもと、日本のように常に両親や祖父母に見守られながら育った子どもとでは、やはり性質が違ってくると思います。

欧米には、早くから個人に決断を迫る社会がある。対して日本人は、みんなで守る社会をつくっている。彼らは『犬ぞり社会』であり、我々は『ムカデ競走社会』だと私は呼んでいます。犬ぞりは何頭かで力を合わせて走っているのですが、じつは犬同士は必ずしも仲良くありません。互いのテリトリーを持っていて、そこは譲らない競争社会です。ムカデ競走は、互いに応援して力を合わせて走っていきますが、真ん中がこけるとたんに批判を始める。協調を崩すことに対して不寛容です。

これはいい悪いではなくて、私たち日本人は遠い昔からムカデ競走型の社会システムでやってきた。言い換えれば護送船団方式です。江戸時代の鎖国も、このシステムの中で続いてきたと言っていいと思います」

言葉以前のコミュニケーション

「最近よく話題になるコミュニケーションも、ムカデ競走型社会は独特です。西洋では何でも言葉で表現しないと通じないと言われますが、我々の社会は言葉以前からコミュニケーションが始まる。視界に相手が入ってきたときから、お、あいつは俺よりも年上か年下か？　年上ならどう挨拶するか。どちらが先に名刺を出すか。年上の人に名刺を出すのが遅れると申し訳ない。年下だったら相手から出さなければ失礼だ、そんなことを考え始めるのが日本人です。言葉を交わす以前に、いろいろなコミュニケーションが始まっているのです。

ドイツではそんなことはありません。渡すにしても第一、名刺を恭《うやうや》しく両手でなんて出さない。書いてある肩書なんて気にせずに、片手でさっと渡して言葉でのコミュニケーションが始まる。向こうで出会った人に『日本人は名刺を両手で出すのか？　ほんとか？』と不思議がられました。

スポーツの表彰式も違います。欧米では表彰台に上がった選手に対して、表彰状を渡すのも片手だし、メダルも片手で渡す。あるいはひょいとメダルを首にかけて、次の瞬間にはもうプレゼンターと選手があれこれ話し合っている。『第3コーナーの足の運びがよかった』とか『なぜあそこであの技をかけたのか？』とか。

日本ではそんな表彰式はみたことがありません。プレゼンターも選手もにこにこはしていても黙っている。黙るコミュニケーション族であり、上手くしゃべることが求められる社会ではないのです。

あるいは食事も大きく異なります。帰国してから感じるのは、日本の食事には圧倒的に脂分が少ない。あちらでは3食共に肉、肉、肉でしたが、日本では肉を食べても冷しゃぶにしてポン酢をかけたりする。ポン酢には脂分はないですから、欧米だったら『身体が乾く』という言い方をすると思うんです。そうやってみていくと、食生活でもずいぶん違う。この20万年の間に、東洋と西洋でこの違いが身体を変えたのだろうと思います。

そういう細部を見ていくと、グローバル社会とか国際化とかいっても東洋と西洋では生活スタイルも習慣も考え方もずいぶん違う。その違う点こそが面白いと思っています」

男子校のバンカラ気質と学生運動の名残

山本氏はジャーナリストとして、異文化の視線を大切にする。実はその視線は、1970年(昭和45年)、高校二年で川越高校に転校してきた体験から始まっていると見ることもできる。港町の千葉県木更津から城下町の川越へ。「よそ者」の視点には、川越の町と川越高校はどう映っていたのだろう。

「まず男子校の雰囲気が、それまで通っていた共学の千葉県立木更津高校とは全く違っていて驚きました。私としては男子校の気風はよかった。まだ子どもでしたから、勇敢であることが人格的に高いとみなされる。授業が終わると窓から飛び出してうどん屋に走る、というようなことで優劣を競ったりする。

本当は女子高生に対する興味はあったんだろうけれど、仲間うちでは、女子校の文化祭に行くようでは人間として認められないというようなバンカラ気質もありました。当然誰も彼女なんていなかったし、女の子に浮かれようものなら友だちに相手にされなくなるような雰囲気でした。当時はくすのき祭にも女子高生は少なかったように記憶しています。

我々の1年上の代からは、「服装自由化」の議論がありました。私が転校してきた70年から服装自由化となったけれど、経済的に制服以外に何を着るんだ？　という現実問題があって、結局私服の生徒はあまりいなかったと記憶しています。9割ほどは学生服通学だったんじゃないでしょうか。東大の入試がなかったのは69年。その後数年間は川高でも学生運動の名残があって、権力への闘いが純粋で尊いという考えはあったと思います。

その一方で、川高の中には保守的な人もいたし、昔ながらの侍魂を連呼する人もいました。

私自身は服装自由化には賛成しませんでした。冷静に冷ややかな目で見ていたかな。正門前に立て看板が出たり学生集会があったりしましたが、学生服がなくなったら何を着るんだ？　そのままでもいいのか？　といった消極的な反対論を支持していました。

先生方の中にも革新的な思想の人とか自由主義の人、右寄りの人といろいろいました。陸上部顧問で体育の松本利雄先生には、誰かの体操着のボタンが留まっていないという理由で全員校庭を10周走らされたこともあります。これって先生一流のしゃれだったんでしょうか。一方で、ずいぶん理不尽なことも当たり前に通っていました。トータルにみると、社会が変容する時期で、非常に面白い時代だったと思います。

謝恩会では「小室等と六文銭」を呼んだことがありました。翌年は泉谷しげると吉田拓郎だったかな。泉谷さんが歌っているときに誰かが紙飛行機を投げたら彼が怒って『こんな学校二度とこない』と叫んだ。すると生徒が一斉に紙飛行機を投げて大混乱になったこともありました。若干の不道徳をあえてすることがかっこいい、勇気があると誤解していたんだと思います。後年、ＮＨＫで小室さんとお会いして、謝恩会にきていただいたお礼を言ったら、『いやな学校だった』と言っていました（笑）」

下宿生活で知った川越という町のあたたかさ

「もう一つ私の高校時代の特色は、父親が転勤族だったことから3年時には喜多院の近くに下宿していたことがあげられます。部屋には常に友だちが入り浸っていて、酒屋の息子はビールをもってくる。部屋で煮炊きは禁止でしたが、ストーブの上にアルミの鍋をおいて焼き肉をやってビールを飲んでいました。大人に隠れて酒を飲むことが男子高生の通り抜けるべき門だったのかな。タバコは吸いませんでしたが、酒はずいぶん飲んだ記憶があります。

下宿では当然独り暮らしでしたから、川越という町に育まれた記憶があります。団子屋があったし時計台の下のばあさんの煎餅《せんべい》もよく食べました。学校の近くの『みどり屋』の太麺の焼きそばも美味しかったな。あの店に行くと、畳の部屋に上がり込んでこたつで漫画を読みながら家族と一緒に時間を過ごすのが当たり前でした。あの家の子どもと一緒に遊んだりしてね。

川越という町では、川高生は我が物顔で生活していましたね。私学はまだ少なかったし、川越工業高校と間違えられないように〝川高《かわたか》〟と呼ぶようになったのかな？　それまでは川高《かわこう》といえばうちしかなかったから、町の人たちからはある種の敬意をもって接してもらっていたのではないでしょうか。自分たちでも浦和高校や熊谷高校なにするものぞ、というプライドがあって、浦和は勉強だけ。熊谷は品がない。俺たちのように堂々と生きていないなどと言って、根拠のない自信に満ちていたように思います」

米軍基地で生きた英語を学ぶ

「我が家には外交官をやっていた伯父がいて、将来の仕事を聞いたら報道記者がいいと言われました。そのためには外国語をやれ、英語だけじゃ駄目だというアドバイスをくれて、語学への興味を誘ってくれたんです。

当時から英語の勉強は好きでした。まず授業が面白かった。英語の教科担任の大島英昭先生と宇波彰先生が、芝居がかってはいましたがお互いに相手を誹謗《ひぼう》中傷し合うんです。宇波先生は、『大島さんの英語の授業でいくら勉強しても受験は無理』なんて言うし、大島先生は『宇波さんは本来フランス語の専門だから、英語は知らないでしょう』なんて突っかかる。宇波先生はあっけらかんとしたタイプだし、大島先生は熱血漢。『なに？　あいつはそんなことを言っていたのか？』なんて反論したりする。その掛け合いが面白かったですね。でも語学の成績はあまりよかったとはいえないんですが。

英会話は、当時狭山市の稲荷山公園にあった米軍基地で、無料で英語を教えるスクールがあって、そこでも学びました。週に二回だったか、友だちと通ったんです。高校で使っている英語の教科書を見せたら、そこの先生が笑うんです。こんな教科書で勉強しているのか？　なんて。そこで習うのは生きた会話だったから、全然受験向きではないのですが、すごく面白かった。最後の授業では赤坂のステーキハウスに連れていってもらって、ステーキをご馳走になりました。スーツを着てこいと言われたから親戚の伯父さんに借りて、こんなに美味いものが世の中にあるのかと思いながら食べました。

その時に、目玉焼きの片面だけ焼いたのをサニーサイドアップ、ひっくり返して両面を焼いたものをオーバー・イージーと呼ぶと教わりました。レストランではサワークリーム・アンド・チャイブスを頼め、ベイクドポテイトにはそれが美味しいなんて、繰り返し練習させられて。アメリカンスクールでは、女の友だちもできました。川高のバンカラな友だちにはバレないからいいんだなんて勝手に理由をつけて、女の子の家に遊びに行ったりもしました。そういう会話から、英語は上達したんだと思います。会話には自信がありましたが、受験英語とは違っていましたね」

アナウンサーは「幼児にスルメを食わせる要領」

ジャーナリストを目指した山本氏は、大学4年時の「就活」では、フジテレビの報道記者とＮＨＫのアナウンサーの最終面接が重なってしまう。2年目から記者になれると聞いてＮＨＫを選んだが、最初の赴任地福島でアナウンサーの仕事の面白さに目覚めて、そのままマイクの前に座り続けた。

やがてＪリーグの黎明期に遭遇し、前述のようにフォクツとの出会いや現場での仕事を通してサッカー協会幹部との人脈もでき、サッカー中継の第一人者として認められていく。

アナウンサーとしてサッカー界を見続けていた目には、何が映っていたのだろう。

「スポーツアナウンサーの世界は、ほとんど男の世界です。女子アナはほとんどいない。要求されるものが川高の世界だったから、私にはあっていたのかもしれません。

それとＪリーグの誕生前からサッカー界をひっぱっていた人たちが魅力的でした。サッカー協会会長だった長沼健さんが人格者だったし、岡野俊一郎さん、加茂周さん、松本育夫さんといった人たちと知り合えたことが大きかった。たとえば加茂さんは芦屋高校から関西学院大学に進み、ヤンマーディーゼルの選手となります。ところがのちに釜本邦茂選手が入部してきて現役を首になり、コーチになるんです。そこから指導者として本領を発揮していく。プロ野球の野村克也さんのように、人の心をがっちりつかむ術をもっていた。京都の監督をしていたときには、日本代表を切られた三浦カズ選手が京都に移籍するし、ラモス選手も加茂さんを慕って京都に行く。活躍する選手はもとより、辞めた選手の面倒をしっかりとみることが大切という哲学を持っている人でした。

そういう人たちに人の道を教えていただきながら、私たちは仕事をしてきました。人と会って話を聞いて、10仕入れたものの中から放送で喋ることはほんの1、2割です。たくさん情報を仕入れておいて、このタイミングならこの話が面白い、別のタイミングならこちらの話をしようというふうに、スイッチを押すと話が出てくる状態が理想です。しかも話をしたときに自分が楽しむのではなく、お客さんに楽しんでいただかないといけない。私はよく『幼児にスルメを食わせる要領』と言うのですが、美味しい部分を自分で吸うのではなくてお客さまに吸っていただく。それがアナウンサーの仕事です」

外の視点を持たないと自分のよさもわからない

２０００年にはＮＨＫ解説委員に就任。日本相撲協会の外部委員を務めた。09年にＮＨＫを退いたあとも、Ｊリーグ、卓球、陸上、アイスホッケー、ソフトボール等、さまざまな競技団体で要職を任され、その発展のために意見する重責を担っている。

長年の経験から、現在のグローバル時代をこう語る。

「学生に言っているのは、日本的なるものを大切にしなさいということです。外の視点を持たないと、我々が長年築いてきたもののよさがわからない。外から言われないとその価値に気づかないということもあると思います。

例えばドイツでは、私の歓迎会を開こうといっても乾杯をしません。しかも隣の人のグラスにビールを注ごうとすると、「ビールを注ぐな」と言ってくる。「日本人はビールを注ぎあうらしいな。俺たちにとってビールは下着なんだ。パンツを他人に履かされたくないだろ」と言って、各自のペースで飲んでいる。それはそれでいいのですが、日本でそのやり方をやったらぎくしゃくします。人間関係がうまくいきません。

だから単純にヨーロッパがいいのではない。日本だけが素晴らしいのでもない。お前ら変わってるなという視線を持ちつつ、両者の違いを楽しむこと。異文化の視点を持つことで日本のよさも再発見すること。例えばクラブスポーツが盛んなドイツのシステムを日本は学んで、Jリーグを中心に地域クラブをつくりました。ところがドイツでは、『日本は学校スポーツが充実していて素晴らしい』という評価がある。ドイツのクラブではスポーツをやりたい人しかやらないけれど、日本では全員が学校で運動をする。それが素晴らしいというのです。若者たちにはどんどん異文化に出て、そういう視点もあることを、学んでほしいと思います」

エンパワーメント・プログラム
〜異文化に学ぶ生き抜く力

君自身の言葉で、多文化主義を定義しなさい

――Did you sleep well, last night?　What time did you go to bed?
――It was 3o'clock, when I went to bed.
――Oh! What did you do until such a midnight?
――I studied English hard.
――OK, so, are you ready everyone? Let's have a morning session!

川越高校図書館二階のセミナールーム。冬休み中の12月下旬、大学の大教室ほどの空間に、約30名の生徒が集まった。その他に、オーストラリアとニュージーランドから来た「グループリーダー」と呼ばれる大学生が6名。演壇には「ファシリテーター」を務めるアフリカ系アメ

リカ人、ダリル・ワートン・リグビーが立つ。「エンパワーメントプログラム」の最終日、3日目のセッションが始まった。

講座が始まる前、ダリルは最前列に座った生徒に気さくに「夕べはよく眠れたかい?」と話しかけた。冬休みに行われている3日間のプログラムの2日目を終えた前夜、生徒たちは疲れているはずと思ったのだろう。早く寝たと思っていたようだが、疲れをものともせず深夜まで勉強していたという生徒の答えに驚いたようだ。

この講座での会話は全て英語で行われる。生徒たちはグループリーダーのもとに5~6人ずつ集まって、さまざまなテーマのディスカッションを展開する。

そもそも「エンパワーメント」とは、1980年代における女性の権利獲得運動の中で使われるようになった言葉と言われる。社会や組織の構成員一人ひとりが、自己発展や改革に必要な力をつける(エンパワーメント)という意味の言葉だ。社会福祉の現場では、社会的弱者や被差別者が自分自身が置かれている状況に気づき、その状況を改革していく方法や自信、自己決定力を回復・強化できるようにする、主体的な自助努力を指す。ビジネスシーンでは「権限付与」とか「権限委譲」と訳され、スピード経営が求められる現在、現場や顧客に近いところで働いている人に権限委譲するという文脈で使われている。(「ブリタニカ国際大百科事典」「知

恵蔵」「ナビゲート・ビジネス基本用語集」より）

これらの理念を教育現場に置き換えると、「生徒一人ひとりが自己発展、自己実現、目標達成のために必要な力をつけるプログラム」となろうか。

この目的に添って、3日間のプログラムには、以下のような内容が盛り込まれた。

初日～自己紹介、自分の3つのポジティブ面を見つけて紹介する、ポジティブシンキングの重要性、グループリーダーが過去に夢に向かってどんな努力をしたか聞いてみる、自分自身のキャリアについて考える。

2日目～グローバル・リーダーシップについて、効果的な英語のプレゼンテーションについて学ぶ、ディベート「高校生にスマホは必要か？」、海外の大学と日本の大学の違いについて。そしてこれから始まる3日目の最初のテーマは「多文化主義」。その後「現在の社会問題を解決するスマホのアプリを考えよう」というグループ討論と発表。さらに自分の将来の目標について、このプログラムを通して達成したこと、変化が見られたこと等をファイナル・プレゼンテーションする。3日間の中には多彩なテーマがプログラムされている。

配られたテキストには、「多文化主義」のセッションについて、次のような課題が記されていた。

――君自身の言葉で、多文化主義を定義しなさい。

――日本はもっと多文化主義になったほうがいいと思うか？　それはなぜか？

――日本がもっと多文化的国家になろうとするならば、私たちはどんな貢献ができると思うか？

ニュージーランドの大学生ウイリアムくんをグループリーダーとする班では、こんな会話が交わされた。

Q、多文化社会のことで、何か最近知ったこと、経験したこと、考えたことはありますか？

ウイリアムくんの問いかけに、集まった生徒は思い思いの答えを返す。

A1、イギリスのキャメロン元首相は、移民を受け入れない政策を掲げていました。移民が増加すると、暴力やテロのリストが増すと発言しました。

A2、日本の若者は海外の音楽もファッションも大好きです。日本はもっともっと多文化と交流すればいいと思います。

A3、日本は若者人口が減っているから海外から多くの人が働きに来てほしい。知識や技術をシェアすれば、経済成長につなげられると思います。

約50分にわたって続いたグループディスカッションは、さまざまな意見が出て次々と話題が展開していった。他のグループでも同様のやりとりが展開され、会場全体は笑い声あり、拍手あり、嬌声《きょうせい》も飛び交い、蜂の巣を突ついたような賑《にぎ》わいだ。

このプログラムに参加している生徒は全員希望者で、ほとんどが1年生。その一人は参加の動機をこう語った。

「この講座への参加は親に勧められました。姉が私立高校に行っているのですが、その学校にはこんなプログラムなくて、川高生は羨《うらや》ましい。こういう機会はなかなかないんだから参加しなさいと言われました。親は川高の入学説明会でＵＣＬＡ（カリフォルニア州立大学ロサンゼルス校）への短期留学を経験した先輩の英語のスピーチでこのプログラムのことを知り、それで驚いたんだと思います」

もう一人話してくれたのは、数少ない2年生の参加者、落合慧斗くんだった。彼は2年生になる春休みに、後述するＵＣＬＡへの短期留学（８泊９日）「次世代リーダー養成プログラム」に参加した。今回は運営側のアシスタントとしてこの講座に参加している。自宅では、グループリーダーとして来日したニュージーランド人のトーマスくんをホストとして受け入れてもいる。参加の動機をこう語った。

「ぼくは将来、英語関係の仕事に進みたいと思っています。高校生のうちに海外体験をしたいと思っていて、親も許してくれたので春にUCLAプログラムに参加しました。その体験が素晴らしかったので、今度はホストファミリーとしてグループリーダーを受け入れることにしました。アメリカで体験した英語は、学校で学ぶ英語とは全然違うし楽しいし、もっとネイティブの人と話したいと思ったんです。水泳部に入っているので、夏のエンパワーメントプログラムへの参加は無理なので、冬休みにあってちょうどよかったです」

グループリーダー6名は12月25日に川越に到着。そこでホストと合流し、26日は自由行動。落合くんとトーマスくんは渋谷～皇居～明治神宮～原宿をまわって都内見物を楽しんだ。

3段階の異文化プログラム

二人の話にあったように、「エンパワーメントプログラム」を含めた川越高校の「グローバルリーダーシッププログラム（ＧＬＰ）」は３段階に分かれている。

▼ステップ1

カルチャー・エンリッチメント・アクティビティ（異文化理解プログラム）～１学年全クラス対象。３学期のロングホームルームの時間に各クラス一人、英語圏以外の国から講師を招いて異文化交流を行う。世界に目を向け、さまざまな国の言葉、生活、文化に触れることで他文化への認識や理解を深め、より広いグローバルな視野を獲得するきっかけとする。同窓会とＰＴ会が積み立てる川高国際交流基金から講師費用負担。

▼ステップ2

エンパワーメントプログラム～夏休みは5日間連続、冬休みは３日間連続で川高を舞台に開催。夏は1日5時間、アメリカの現役大学生を招いて英語による集中講座。冬は一日6時間、オーストラリア、ニュージーランドの現役大学生を招いて英語による集中講座。英語圏の大学生との交流を通し、自らの関心事や日本の文化・伝統および問題点について自ら考えたことや気づいたことを表現することにより、英語力の向上を図る。参加は1～3年生定員50名。費用個人負担夏5万円、冬3万8000円。川高国際交流基金から夏2万円、冬は夏に準じる補助あり。
今回取材に入ったのは、この冬季プログラムだ。

▼ステップ3

フューチャー・リーダーシップ（次世代リーダー養成）プログラム〜米国カリフォルニア州立大学ロサンゼルス校への8泊9日の短期留学、春休みに実施。高校時代に世界最高峰の教育環境に身を置くことで、主体性・課題発見能力などを育成する。自分自身の世界観や人生観を振り返り、社会のリーダーとして必要な決断力や論理力を磨き、高い目標へチャレンジする意欲を養う。参加は1〜3年生定員20名〜30名。個人費用負担は46万5000円〜47万8000円。川高国際交流基金から一人2万円補助あり。

このプログラムでは、講座で行う「エンパワーメントプログラム」だけでなく、昼休みも講座後の宿舎でもどっぷり英語漬けの生活が展開される。その分、生徒への負荷は重くのしかかり、乗り越えるべき壁も高い。

ただの英会話ではなく世界で「表現」できる力を

そもそもステップ2と3のベースとなる「エンパワーメントプログラム」を考案したのは、97年からカリフォルニア州立大学ディヴィス校国際英語プロフェッショナルプログラム主任英語講師を務める藤田斉之氏だった。氏は同校で教鞭をとる傍ら、日本の大学や政府機関から派遣されたり、個人で海を渡ってくる多くの日本人留学生のコーディネーターも兼務してきた。

その経験の中で、「授業についていけない、意見を言えない、ディスカッションできない、プレゼンテーションできない」大量の日本人留学生に遭遇し、なんとかしなければという思いで高校生年代から学べるプログラムを考えた。日本人にありがちな「恥ずかしい、間違えるのが怖い、英語力に自信がない」という3つのネガティブな状況を克服し、世界を舞台に国際人として生き抜く力を養成するプログラムだ。

もともと欧米社会は多文化共生型社会であり、さまざまな形で人種問題や性差別問題等、社会問題に幼少期から向かい合わざるを得ない環境がある。自分から意見し存在を主張しなければ、社会的に埋没してしまう。だから教育分野でも、自分自身のアイデンティティを発見したりポジティブな思考方法を会得したり、社会にコンタクトするプログラムが発達していた。それらを合わせて、藤田氏は「エンパワーメントプログラム」を考案したのだ。

振り返ってみれば、これまで日本の高校生は、社会問題とは直接かかわらずにただ勉強だけしていればいいという教育方針や社会環境で育てられてきたきらいがある。自分自身を振り返るときも、反省することはあってもポジティブ面を掘り起こす経験は少なかった。だからこのプログラムが持つメソッドは、日本の高校生には目新しく、新鮮に映るはずだ。

このプログラムを使った狙いを、英語科の工藤陽子教諭はこう語る。

「このプログラムの特徴は、ただ英語で話すとか国際交流を行うというだけでなく、ファシリテーターとグループリーダーの指導のもとに、普段日本語では考えないようなテーマを英語で考えて表現するという点にあります。例えば『社会的な成功』という概念が日本と欧米では異なります。日本では出世とか経済的な成功というイメージが強いけれど、欧米では『社会への還元』こそが真の成功者の条件と言われます。社会で得たものを再び社会に還元するということをこのプログラムで学び、自分はどんな成功イメージを持つかを生徒たちは発表します。あるいは『社会的な課題』というテーマも、日本の高校生は学校や保護者に守られていて普段はニュースで耳にする程度だと思いますが、自分の問題として考える。自分の長所を3つあげることやポジティブシンキングなども、日常的にはあまり考えない、日本語では恥ずかしくて言えない内容ではないでしょうか。そういう考え方に触れること自体が初めてで新鮮だし、しかも英語で表現するわけですから、体験した生徒たちはモチベーションが大きく変わります」

社会的な課題を考えるというテーマについては、これまで生徒たちの問題意識をうまく喚起することができずに、空回りの感じもあったという。そこで今回は、自分たちで考えた課題解決方法を、日常的に使っているスマホのアプリケーションにするというテーマにしてみた。

このように毎回ファシリテーターと相談しながら、川高の生徒にカスタマイズしたプログラムとなるように細部を決めていると工藤氏は語る。

「そもそもエンパワーメントとは、誰が誰にエンパワーメントするものだと思われますか？」

そう問われて、改めてその主体を考えてみた。

――自分で自分をエンパワーメントするのでしょうか？

「その通りです。先生や他者にエンパワーしてもらうのではなく、自分で自分をエンパワーする。それは川高が掲げている『自主自立』というテーマにも沿った教育実践だと思い、このプログラムを選んだのです」

そもそも日本語の「教育」は子どもを主語にすると受動態、受け身の言葉だ。「ぼくは教育する」とは使えず、「ぼくは教育される」となる。能動態にするためには、親や教師を主語にしなければならない。子どもは常に受け身だから不平不満も出る。その意味で、生徒が主体になるエンパワーメントは画期的なのだ。

しかも、今日の日本の教育状況も大きく変わってきた。人口減少、地方衰退、被災地の復興等、さまざまな課題が山積し、高校生年代でもそれらの課題としっかり向きあってアクションを起こす事例が増えてきた。教育現場でも、課題発見能力を鍛えるアクティブラーニングが盛んに取り入れられている。

自分自身の問題として社会課題と向きあう、自分自身の長所を掘り下げる、前向きな思考方法を会得する、しかもそれらを世界標準の英語で表現し他者を説得する——。こうしてみるとこのプログラムには、さまざまな状況がグローバル化した現代にあって、もはや必要不可欠、全ての若者が獲得しなければならない要素が過不足なく詰まっている。

この取り組みはどんなところから生まれてきたのか。当初の担当者だった岡田稔教諭（現・浦和高校）はこう振り返る。

「異文化の空気をただ吸ってくる」では意味がない

「現在のプログラムが生まれた大きなきっかけは、2011年の3月11日、東日本大震災が起きたことでした」

浦和高校の一室で対面した岡田氏は、ふくよかな笑顔でそう語りだした。

川越高校では1999年の創立100周年を期に、オーストラリア・クイーンズランド州セント・オーガスティン高校との国際交流活動が行われてきた。15～20人が隔年で相手国を訪問し、受け入れ、ホームステイしながら学校での授業や社会見学等を行うプログラムだ。資金的な面では同窓会とPT会が「川越高校国際交流基金」を設立し、毎年一定額を積み立てながら旅費の一部補助を行った。

「ところが大震災の年に、先方から原発事故で放射能汚染が案じられるので、当分生徒の派遣を見合わせたい。保護者の了解が得られないと言われてしまったのです」

その後2年間、異文化プログラムは行われないままに時は過ぎた。英語科の教師たちは川越市の姉妹都市やその他のつてを使って交換交流をしてくれる学校を探したが、いずれもいい返事は得られなかった。その間も交流基金の財源は溜まっていく。このままでは使い道のない基金は潰せという議論も起きかねない。せっかくの教育財源を潰してしまうのも惜しい。その後赴任してきた細田宏校長は、「これからのグローバル社会を生き抜く力を生徒たちにつけたい」と考え、交渉先は「交換交流ではなく生徒を送り出す留学プログラム」へと方向転換した。

その時候補に上がったのが、カリフォルニア州立大学ディヴィス校の藤田氏が考案した「エンパワーメントプログラム」だった。ＩＳＡという企業が主催して、ＵＣＬＡを訪ねる「次世代リーダー養成プログラム」と、国内でファシリテーターとグループリーダーが指導する「エンパワーメントプログラム」がある。ホームステイや学校訪問という国際交流プログラムを一歩越えて、国際人としての「生きる力」を身につけるプログラムだ。

——まさにこれからの川高生に相応しい。

細田校長と英語科教師はそう判断して、このプログラムを採用した。岡田氏が振り返る。

「創立１００周年のころは『国際化』が社会のキーワードでした。高校生年代で異文化を訪ね、生活を共にすることで学びのモチベーションも高められると考えた。それから20年たって、現在の社会はグローバル化が顕著です。異文化の発想を使って自分で自分をエンパワーメントするというメソッドに取り組んでみようということになりました」

ところが２０１３年にＵＣＬＡ短期留学生を募集してみると、定員に達しなかった。アンケートをとってみると、海外留学は『費用が高い、安全面に問題がある、語学力に不安がある』という結果が出た。そこで14年の夏に、まず国内でエンパワープログラムを実施し、UCLAへの留学は15年3月からとなった。この異文化プログラムを推し進めた理由を岡田氏が語る。

「異文化の空気をただ吸ってくるという国際交流と違い、エンパワーメントプログラムは厳しいです。自分自身を見つめて何も言えなくなることもあるし、頭が真っ白になる瞬間もある。藤田先生も自ら留学を体験してノンネイティブスピーカーとして初めてディヴィス校の主任英語講師となった人ですから、自分自身の体験に裏打ちされています。それだけでなく、私にも経験があります——」

岡田氏が語りだしたのは、自分自身の留学体験だった。

留学体験を経た教師陣

2001年から03年にかけて、岡田氏は文科省が定めた「大学院修学休業制度」を使って、アメリカ・ニューヨーク州コロンビア大学のティーチャーズ・カレッジで学んできた。国内外の大学院で専修免許（修士課程修了）を取得するために、3年間までの休みがとれる制度。免許取得後は職場に復帰できるが、その間は無給という規定だ。

「現地では、日本人留学生たちは『ドアマットになるな』と言い合っていました。主張しなかったら、踏みつけられて利用されておしまい。異文化の中で存在感を発揮できないという意味です。私自身も裸一貫で現地に入って、いろいろな課題になんとか立ち向かう日々を送りましたから、エンパワーメントプログラムの必要性を実感できるんです」

岡田氏に限らず、このプログラムに関わる英語教師たちには留学経験者が多い。工藤氏は、大学を卒業後に4年間アメリカ留学を経験している。1年間は国費留学生として。その後3年間は私費でミネソタ大学でスクールカウンセリングを学んできた。

同じく英語科の長島一樹教諭は、もっとユニークな留学経験がある。

「大学を卒業してまず銀行員となりました。学生時代からずっとジャズ研でバリトンサックスを吹いていたのですが、25歳の時に銀行を辞め、憧れのジャズ科のあるテキサスの大学に留学して6年間学んできました」

留学当初は、テキサス訛《なま》りもあって相手の言っていることがさっぱりわからなかった。話しても言いたいことを理解してもらえない。生活習慣も違う。食べ物も水もあわない。まさに八方塞《ふさ》がりの中、好きな音楽活動だけが救いの日々。けれどしかるべき数の失敗を経て、少しずつコミュニケーションが成立してくる。孤独の中で心が通じ合う瞬間の醍醐味《だいごみ》を知っているからこそ、こう語る。

「高校時代からこんなプログラムを経験できるのは羨ましいです。私たちの時代には考えられなかったことですから。今回はたった3日間のプログラムですから劇的に英語がうまくなることはありえませんが、価値観の多様性や考え方の違いに刺激を受けて、視野が広がります。英語を学ぶだけではないプログラムだと思います」

実は今回のプログラムでは、長島氏と工藤氏はホストとして自宅でグループリーダーの受け入れも行っている。年末ということもあり、生徒の家だけでは6人を受け入れることができなかったためだ。自らホストになった理由を、工藤氏はこう語る。

「グループリーダーを受け入れるホストファミリーが見つからないと、国内に留学しているさまざまな国の外国人学生がグループリーダーとして派遣されます。彼らは英語を母語としない人もいて、第二外国語として学んだ大学生も多いので、英語のアクセントが強かったりして日本人の高校生がコミュニケーションをとることがさらに難しくなります。そういう状況をつくらないためにも、参加生徒の中からホストがでてくれることが望ましいし、私たちも参加しているのです」

つまり教師も身を削って、このプログラムを良質なものにしようとふんばっているのだ。工藤家では、かつて空いている部屋を総動員して最高4人がホームステイしたことがある。今回女子学生二人をステイさせた長島氏が言う。

「ホストになるのは想定外でしたが、4歳の娘も遊んでもらったりして貴重な経験でした。年末でクリスマスという季節的な問題はありますが、来年は生徒たちにもぜひホストになるように勧めてみようと思っています」

この他にも、ＩＳＡとの交渉は「ファシリテーター」の人選にも及んだ。工藤氏が言う。

「ファシリテーターの人選もＩＳＡさんと交渉しています。4年前、広島で行ったこのプログラムでいい人がいたというので、紹介してもらったのがダリルさんでした。たまたま大宮在住ということで、今回来ていただくことができました」

教師陣は、このプログラムをＩＳＡに全て任せてしまうのではなく、昼休みを使って生徒たちへ数回の事前学習も行っている。工藤氏は今後の展開について、「ＧＯ　ＧＬＯＢＡＬ　高い志、世界へ向けて！」にこう書いている。

「エンパワーメントプログラムとフューチャーリーダーシッププログラム、この二つのプログラムを川高生にあったものになるように毎年微調整を加え、ようやく今ある形ができあがった。（中略）川高の国際交流部（※このプログラムの主体となる教師組織）には、この独自のＧＬＰ（グローバルリーダーシッププログラム）の流れをさらに深化させ、持続していく責務があると思っている」

４技能が試される大学入試に先駆けて

主催するＩＳＡによれば、国内で行うエンパワーメントプログラムは、初めて開催した２０１３年度は４校だけだった。ところが２０１８年度には１０９校に増え、リピート率も98％を誇っている。14年からこのプログラムを始めた川越高校でも、２０１８年度は希望者が大幅に増えて80名となり、夏季開催だけでなく冬季の開催も決まった。埼玉県内でこのプログラムを取り入れたのは川高が最初で、現在は大宮高校、不動岡高校、早稲田本庄高校らが採用している。

このプログラムの人気が高まっているのは、２０２０年度から実施される「大学入学共通テスト」に英語の4技能評価が導入されることも大きな理由となっている。「聞く listening」「読む reading」「書く writing」「話す speaking」の4つの技能を、外部英語検定試験を使って評価しようとする流れだ。これまで入試では問われなかった「話す」技能が、大きなウェイトを占めるようになる。この点を岡田氏はこう解説する。

「これまでの入試では会話力は試されず、スピーキング能力は直接入試とは関係ありませんでした。ところが2020年度からは4技能テストが実施され会話力も試されます。スピーキングの試験は、あがってしまって質問に答えられなければ0点です。瞬間的な判断が必要だし、情緒面も鍛えないといけない。そういう点で、このプログラムは受験にも完全に役に立つ。これからの時代には必須のプログラムになります」

本稿で述べてきたように、このプログラムは受験対策用の英語を学ぶものではなく、もっと先を見据えた「グローバル時代を生き抜く力」を養成するものだ。ややもすれば参加者は、このプログラムで培った英語力と受験英語とのギャップに悩むこともあったはずだ。

けれど今後、会話力（speaking）は受験でも大きなウェイトを占める。「恥ずかしい、間違えるのが怖い、会話力に自信がない」という3つの鎖を断ち切って英語でプレゼンテーションしてきた経験は、受験でも大きな力になる。つまりこのプログラムは、ある意味で時代の先取りだったのだ。工藤氏が続ける。

「このプログラムとUCLAリーダー研修を受けた一期生が、一昨年、東大の文科一類に入りました。その生徒はリーダー研修の最終プレゼンで『大変なことがあってもやりとげる』と宣言していました。リスクをとる大切さも学んだからこそ難関をクリアできたのだと思います」

自分自身をエンパワーするマインド設定と、具体的なコミュニケーション能力と。その二つを学ぶことができるこのプログラムの重要性は、今後ますます高まっていくに違いない。

英語に自信がつけば「日本人はシャイ」ではなくなる

「エンパワーメントプログラム」最終日、3日目の午後。いよいよファイナル・プレゼンテーションの準備が始まった。3日間のプログラムの最後に、生徒たちは一人ひとり演壇に立ち、「自分の将来の目標について、このプログラムで自分が達成したこと、変化が見られたこと、明日から行動を始めたいこと」等をプレゼンテーションする。

その準備のために、グループごとに教室の内外に場所を移した。集中してグループリーダーにスピーチを聞いてもらって、アドバイスをもらう時間だ。廊下で、ホワイエで、隣の教室で、グループリーダーを中心とした輪ができる。

この間を利用して、ファシリテーターであるダリル氏に話を聞いた。ＩＳＡのプログラムでは初期のころから16年もファシリテーターを務めるベテランだ。在日生活も16年、奥様も日本人という親日家でもある。

――川越高校の生徒の印象はいかがですか？

「とても精力的で好奇心も旺盛、モチベーションの高い生徒ばかりで、とても楽しく講座を進めています」

――社会問題をテーマにすることはよくあるのでしょうか？

「今回のように、スマートフォンのアプリケーションづくりと社会問題をタイアップしたのは川高だけです。アメリカでは、多くの若者が社会的問題を抱えています。女性問題や人種問題は日頃から教育の中に組み込まれていますから、高校生には必須のテーマだと思って今回も取り入れました」

――日本人が海外に出たときの表現力のなさは以前から言われていましたが、現在も同じ状況でしょうか？

「いつの時代でも誰でも、第二言語で自分自身を表現することはチャレンジです。このプログラムに関して言うと、高校生たちには言語の壁が大きいと思います。だからどのテーマでもベースのところは生徒に考えさせて、アウトプットに繋げる機会をつくるようにしています。たとえば数年後にでも、あの時にこんなことを学んだということが理解できることが大切です。生徒たちは言語の壁を乗り越えれば、素晴らしいリーダーになっていくはずです。日本人はシャイだというけれど、それは個性の問題です。英語に自信がつくとシャイではなくなります。アメリカでも、移民たちは完璧な英語なんて話していません。生きていくため、コミュニケーションに必要だから話している。その感覚を会得してほしいと思います」

ファイナル・プレゼンテーションは、保護者や家族の傍聴が許されている。そのために会場にやってきた佐藤春翔くんの母親佳代子さんにも話を聞くことができた。

「このプログラムのことは、入学式のあとの説明会で紹介してもらいました。魅力的なプログラムなので、家でも話題になって、受けられるなら受けてみればと勧めました。息子は英語があまり得意ではないので参加することにしたようです。考え方や会話力がこの3日間で少しでも変わるものがあるか、期待しています。

初日に出かけるときは、あまり楽しそうではありませんでしたが、帰って来たら家でも英語で話していました。少しはやる気になったのでしょうか。私たちの世代からしたら、こんなに身近に異文化に触れる機会を持てて、羨ましい限りです」

やがて1時間後。全員が大教室に戻って、いよいよファイナル・プレゼンテーションの時間となった。緊張した面持ちの参加者たちに向かって、ダリルが太い声で叫ぶようにいう。

——Are you ready？

——Yes！

まだ声が小さい。ダリルが再度叫ぶ。

——Are you really ready？

——Yeeeees！

——OK! The first speaker is Koya!

こうしてファイナル・スピーチが始まった。ランダムに名前を呼ばれた生徒は、演壇に立って約5分程度スピーチする。ある者は小さな紙に書いたメモを見ながら。ある者はメモがあるにもかかわらずそれを無視して。ある者は演壇の前に出てボディ・アクションを交えながら。

どのスピーチにも、大きな壁を乗り越えようとする震えが感じられる。

――ぼくは二日めに自分が変わったと思います。いまはグローバル・リーダーとして働いていけると思っている。夢は空港の職員になることです。

――将来は企業のトレーダーになりたいと思っています。このプログラムに参加したのは、コミュニケーションスキルを身につけたいと思ったから。ポジティブシンキングを学ぶことができました。

――初日は英語にナーバスでしたが、ダリルが言う「be brave」という言葉に勇気づけられました。いままでは将来の夢は真剣に考えたことはなかったけれど、コミュニケーションスキルを身につけて、思いの丈を世界で表現していきたいと思います。

――ポジティブシンキングを学んだことはとても刺激的でした。この経験を忘れません。どうか将来のぼくを見ていてください。日本の教育を変えていきますから。

この大胆なスピーチに、ひときわ大きな歓声が沸いた。一人一人のスピーチに、大きな拍手が送られる。

ただ英語環境に身を置くだけでなく、日本ではあまり経験しない欧米流のものの考え方や発想の仕方、生きるテクニックを学んだ若者たち。それを英語で表現し、他者を説得しようとする機会は、貴重な経験となったはずだ。

単に異国の空気を吸ったり一緒に生活したりするだけでなく、異なった視点から自分自身を問い詰め表現にまで高める「異文化体験」は、多くの若者たちの成長のエポックになっている。最後にその感想を紹介しよう。

振り返りノートから

「振り返りノートでは、多くの参加生徒がrisk takingについて強い印象を受けたと綴《つづ》っていた」「GO GLOBAL」誌に、工藤氏がこのプログラムへの反省、感想を書いている。「『危険』を表す danger はあらゆる種類の危険を表す最も一般的な語である。一方 risk は、何かの行為を行う時、害が及ぶ可能性があることを意味している。よって risk taking は個人の意志で行うもので、敢《あ》えて覚悟を決めて冒す危険を意味している。覚悟も準備もなく行き当たりばったりの無謀な試みをするのは、あまりに dangerous で risk taking とはほど遠い。プログラムの中でriskという語に関するイメージを絵に描いて視覚化し、全体で共有する時間があった。

risk＝得体のしれないおどろおどろしいものだけれど、成功するためには必要なもの。自分を成長させてくれるもの。ということに生徒は気づけた。riskを自分の意志でtakeし（選択し）、目標に向けて努力を惜しまなければfear（恐怖）はやがてconfidence（自信）に変わる。成長するためにrisk takingは不可欠なのである。このことを若い世代で気づけたことは、何者にも代え難い財産である」

生徒たちの振り返りノートには、以下のような言葉が並んでいる。（一部筆者略）

「エンパワーメントプログラム」２日目を終えた生徒の声

▼英語だけで話すのは正確に伝えられず難しいと感じた。沈黙の時間が長く、気まずかった。何を話せばよいかわからなかった。小さなことも質問して、積極的に話すべきだと思った。My identityのディスカッションの時、グループリーダーが「親、友だち、趣味、好きな色が違うだけでその人のユニークポイントになる」と言っていたのが印象的だった。

▼昨日と比べたら大分よくなったと思う。沈黙も減り、アイコンタクト、相槌《あいづち》もしっかりできた。ディベートでは、自分の意見をかみかみだったが言うことができた。質問も昨日より増えた。一日目とは違う、とても楽しい時間を過ごすことができ、あっと言う間だった。

▼一日目と比べて緊張が解けて、とても充実した一日になったと思う。まず会話がほとんど途切れなかった。アイコンタクトや相槌も一日目より改善できた。グループリーダーのスピーチは、ジェスチャーやアイコンタクト、スピード、声の大きさなど真似したいことがたくさんあったので、自分のスピーチに生かしていきたい。

「エンパワーメントプログラム」修了者の声

▼本当にエンパワ前の自分よりも成長できた。事前研修では、毎回挙手ができずに、常に「先生に当てられたくない」と恐れていた。しかしエンパワでは気づいたら自主的に挙手し、発言していた。全く意識をせずに、気がついたらその場に慣れ、アメリカ人グループリーダーの問いかけに答えていた。それはグループリーダーや、その周りにいる川越高校の仲間のお蔭だと思う。

▼5日間で学んだことを活かし、ファイナル・プレゼンテーションをすることができた。緊張

してあまりうまく話せなかったけれど、何とか5日間のエンパワーメントプログラムを終えられてよかった。3つの鎖を壊すことができたと思うし、初めての国際的経験から多くのことを学べた。英語だけでなく考え方にも変化があったのは大きな収穫だった。

▼エンパワ最終日。この日々が終わってしまうと思うと悲しい。自分がtryすれば理解しようとするアメリカ人のグループリーダーの姿がすごく偉大に思える。かけがえのない日々だった。もし可能なら、同じメンバーで、もう何週間も何カ月も何年でもプログラムをつづけたい。

▼最終日はいままでで一番、自分が生き生きしていて自信をもってスピーチができたことがよかった。これまでの努力が報われたように感じ、今までの自分を褒めてあげたいと思う。これで終わりと思わないで、いろいろなところに経験を活かしていきたいと思う。

「ホストファミリー」として受け入れた生徒の声

▼ホストファミリー受け入れのメリットの1つ目は「楽しさ」だと思います。受け入れしてより長い時間ゲストといるために、たくさん話すことができて仲よくなる。とても楽しくなります。2つめは自分から話す機会が与えられることです。グループリーダー10人に対して生徒は50人。ゆっくり話す時間はありません。けれど家ならゆっくり話すことができます。こ

れはホストの特権だと思います。3つ目は「ここで終わらない」ということ。グループリーダーはそれぞれ確立した夢を持っている。同じ方向性の夢を持っているリーダーと仲よくなれば、これからもアドバイスをもらえる。将来の進むべき道を探すためにも、ホストファミリーの受け入れをするべきだと思います。

▼こんなに濃い一週間を過ごしたのは初めてでした。始まる前は不安もあったけれど、始まってみたら「もっとたくさん話したい」「もっと人と関わりたい」と思うようになっていきました。具体的な能力として「コミュニケーション能力」「恐れずに挑戦する能力」「言葉以外で何かを伝える能力」「他人の気持ちを考える能力」など、さまざまなことがこの一週間で成長したと思います。ホームステイはエンパワーメントプログラムの効果を何倍にも高め、自分次第でいくらでも楽しくすることができると思います。ひとのために何かをして疲れたけれど、最高に楽しい一週間は人生で初めてでした。

「次世代リーダー養成プログラム」参加者の声

▼今回の研修の内容は、「楽しかった」の一言でくることはできません。困ったこと、考え込んだことのほうがはるかに多いからです。まず何より、英語の実践力のなさを痛感しまし

た。流れてくる会話の中から聞こえる単語を拾い、絶対の自信が持てないままにそれでも意見を言う。しかしながら意味が通じて会話が盛り上がったときの嬉しさは、そんなストレスを吹き飛ばし、夢中になってスチューデントリーダーとのディスカッションに取り組みました。

ただ私は3、4日めにしてスチューデントリーダーとの間に距離を感じるようになりました。休み時間や移動中に英語から逃げるように友だちと日本語の会話を頻繁にするようになりました。言いたいことが自由に表現できない自分へのいらだちからくるものだったようです。研修の後半からは残りの日数が少ないことに焦《あせ》り、ようやく「take risk」の気持ちがわいてきました。休み時間でも移動でも、スチューデントリーダーを捕まえて雑談を交わしました。take risk、それはリーダーには不可欠なこと。それはまた人とコミュニケーションをとり対等な関係、友好な関係になるためにも必要なことだと気づかされました。

UCLA研修は、私の人生の大きなターニングポイントになったことは間違いありません。今回の研修で得た「take risk」「take an initiative」「passion」を意識し、夢の現実に向かって努力していこうと思います。

▼とても充実した内容の濃い8日間を過ごすことができました。一番心に残っているのは「take

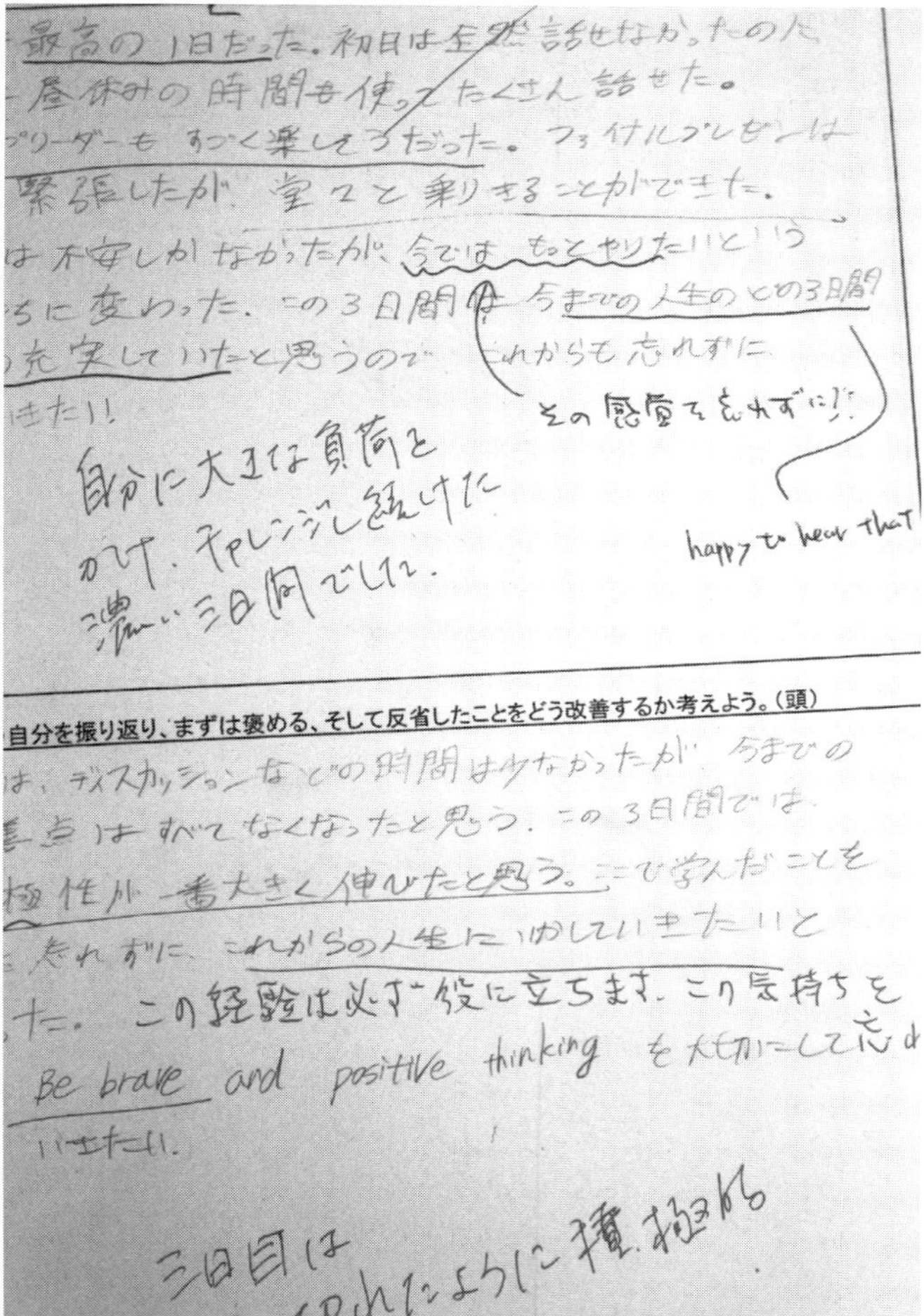
最高の1日だった。初日は全然話せなかったのに
昼休みの時間を使ってたくさん話せた。
リーダーもすごく楽しそうだった。ファイナルプレゼンは
緊張したが、堂々と乗りきることができた。
は不安しかなかったが、今ではもっとやりたいという
ちに変わった。この3日間は今までの人生のどの3日間
充実していたと思うので　これからも忘れずに
きたい!!
その感覚を忘れずに!!
自分に大きな負荷をかけ、チャレンジし続けた濃い三日間でした。
happy to hear that
自分を振り返り、まずは褒める、そして反省したことをどう改善するか考えよう。(頭)
は、ディスカッションなどの時間は少なかったが、今までの
点はすべてなくなったと思う。この3日間では
極性が一番大きく伸びたと思う。ここで学んだことを
忘れずに、これからの人生にいかしていきたいと
た。この経験は必ず役に立ちます。この気持ちを
Be brave and positive thinking を大切にして忘れ
いきたい。
三日目は　ふっきれたように積極的

次世代リーダー養成プログラムに参加した生徒の振り返りノート。先生からのコメントもびっしり書き込まれ、指導の熱さが伝わってくる。

a risk」と「take an initiative」についてのディスカッションでした。リスクを背負うことは成功するために必要不可欠で、リスクを負うことによって自分自身をもレベルアップさせることができます。このプログラムに参加することもチャレンジで、ネイティブな人と会話ができず、自分の英語に対する自信が失われてしまったらどうしようというリスクを背負っていました。けれど自分のスピーチや雑談がアメリカ人に通じたときは達成感を得ることができ、成長したなと思いました。

Initiativeとは率先して行動することで、ぼくの課題でもあり毎日意識していました。頭では分かっていながらもなかなか口に出して言うことができず、難しいなぁと感じていました。完璧に克服することはできず、当面の課題となりましたが、自分からアクションを起こせる人間になりたいです。

このプログラムに参加する前は、将来の自分の姿は全然見えていなかったけれど、将来英語を使う職業に就くという目標ができました。大学受験後、TOEICの勉強をして、もう一度UCLAに帰って来たいと思います。これからは自分がやりたいことは何かを常に意識しながら、率先してチャレンジ精神を持って、この経験を日々の生活に還元していきたいと思います。Thank you UCLA!!

伝統を「継承＋改革＋創造」する力

くすのき祭

～実行委員は自らの「のびしろ」を試すために手を挙げる

巨大文化祭を支える「縦軸の知恵」と「横軸のルール」

２０１９年秋に72回目の開催となる川越高校のシンボル行事、「くすのき祭」。例年９月上旬の土、日の２日間行われるが、２日間の集客は、最高で３万６９０人（２００２年、第55回）。１９９８年第51回で１万人を突破して以降、71回まで20年間ずっと１万５０００人～１万７０００人前後で推移している。

３万人といえば、２００１年にオープンした東京ディズニーシーの初日の動員数に匹敵する。校門の外での交通整理だけは教員と学校が契約した警備員の力を借りるが、それ以外はほぼ全て生徒たちだけで運営する祭りであることを考えれば、驚異的な動員力だ。

しかも年代別に来場者をみると、10代の男女が圧倒的に多い。もちろん他校の高校生も含まれるが、近隣の中学生の参加者も目につく。

くすのき祭に来て、高校生がつくりあげる巨大な門や各種出し物、ステージ、そして目玉となる水泳部の「シンクロ＝ウォーターボーイズ」（264ページ）や「応援団の演舞」（240ページ）等に驚き、感動し、自分もこの高校に入りたいと思う。そして入学が叶うと実行委員に立候補して、それぞれの分野で力を発揮する。そんな好循環が、完全に成立している。

メディアからの注目も熱い。

「人生に効く中学高校」を特集した『アエラ』（朝日新聞出版）2017年11月6日号では、「真価が見える秋の文化祭」と題して、全国の高校の創造力があらわになる文化祭の詳細が報じられた。その筆頭には、川越高校と浦和高校の実行委員が製作する「門」が取り上げられ、文中では「川越は映画やドラマ化もされた水泳部のシンクロ『ウォーターボーイズ』で有名（中略）往年のハリウッドの水中ミュージカルを見るようだった」とも記されている。

そのくすのき祭を支えるのが、全校生徒の約4分の1の約300人が参加する実行委員会だ。とり分け一年生委員は、学年約360～400人の2分の1の約200人。2年生は約80人。受験を前にした3年生も、後片付けが完全に終わる10月末まで、約20人がこの列に加わる。

生徒の総意と総合力がぎゅっと詰まった2日間の文化祭の運営の根幹は、実は2冊のノートに凝縮されている。

1冊は、透明なファイルに綴《と》じられた厚さ数センチの紙の束。表紙には、「71代委員長総括」とある。そこには前年度の3年生実行委員が集った「小委」と呼ばれる幹部会の反省総括や、何代も前からの申し送り事項等々がぎっしりと詰まっている。

ファイルは前代の実行委員長から当代の実行委員長に手渡され、実行委員といえどもめったに見ることはない。そのメインとなる「引き継ぎノート」は、1章から7章にも及ぶ。

「1年間の流れ」、「具体的な仕事の内容」、「先生とのつきあい方」、「広告のとり方」等々。

「先生とのつきあい方」の章には、こんな言葉が綴られている。

・言われる前にやる

・先生のミスは攻めない

・言われたことはやる

・うまいやり方を探そう

この年代にして教師（大人）を対象化し、「敬いつつも使いこなす」という意図が見え隠れする内容だ。

小委では、毎年来場者を対象に約1000枚のアンケートを配布している。回収は5、6割だが、10に及ぶ質問項目への回答や、苦情、要望、改善希望点等は全てデータ化され、小委内

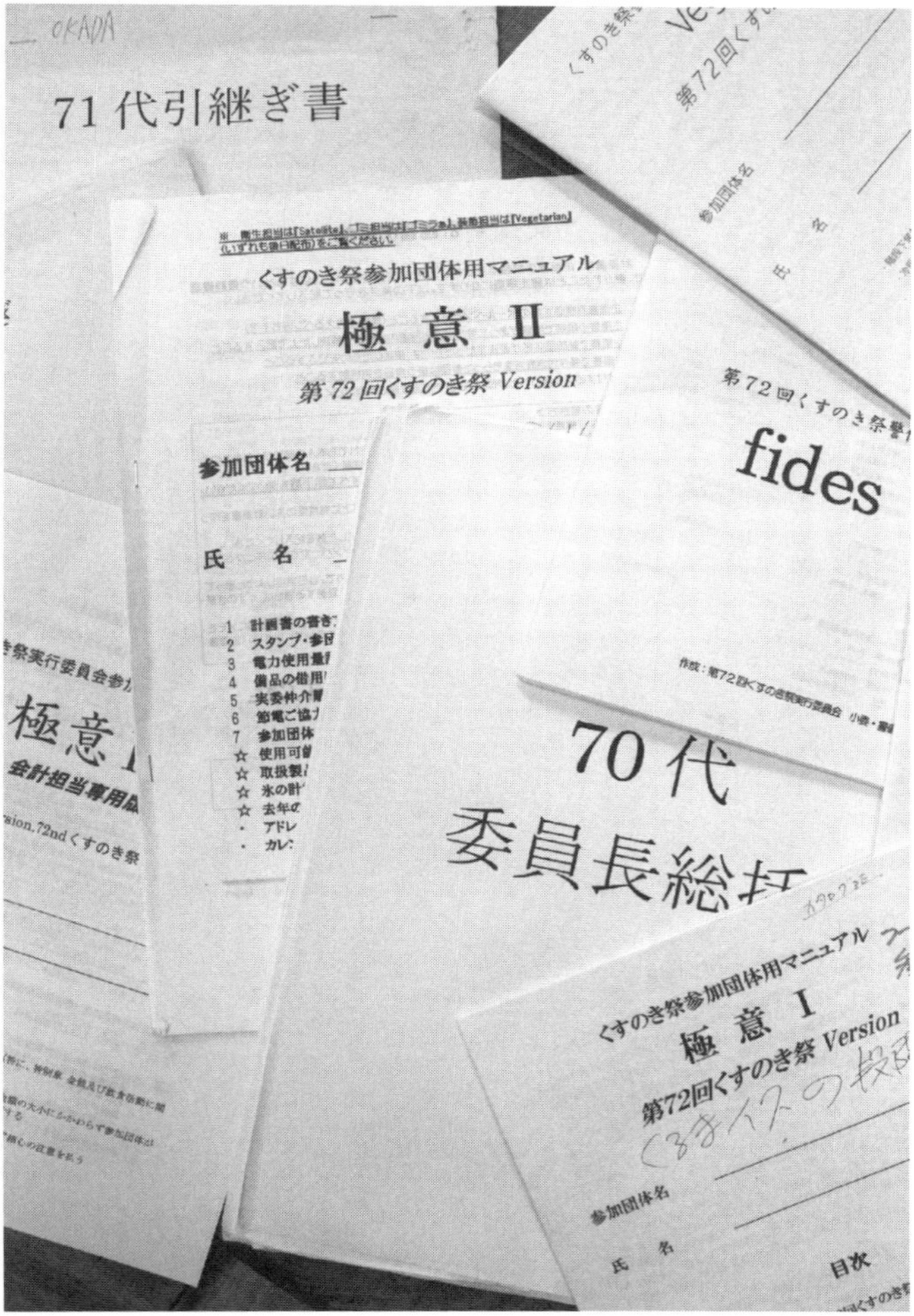

委員長総括や警備案、その他10種類にも及ぶ規則集や引き継ぎ書がある。歴代の経験と知識が凝縮され、今年もまた書き換えられ、来年に引き継がれていく。中のページを撮影しようとしたら「中身は撮影禁止です」と、なかなか手厳しい。

で分析されて、このノートに引き継がれる。

つまりこのファイルには、71年間の全てとは言わないが、少なくとも直近20年間程度の「経験値」が詰まっている。それはこの祭の「歴史＝縦軸」を貫く「智恵」だ。

もう1冊は「警備案 響応」。こちらは3年生の警備担当チームがまとめた、1、2年生実行委員用の分厚い小冊子だ。前年の冊子のページをめくると、赤や青のペンで幾多のメモが書き込まれ、当日2日間の激務によって表紙も中身もぼろぼろだ。そこには文化祭当日の実行委員たちの仕事の流れ、役割、注意点、保健室での対応、車椅子やベビーカーの対応等々、「やるべきこと」、「やらなければならないこと」、「やってはいけないこと」等がこと細かに記されている。あるいはエリア別に「校内」、「校舎内」、「校外」、「その他」での注意点等を記したページもある。
1、2年生の実行委員全員は当日までにこの内容を読みこみ、把握し、事前に3年生委員からこの内容についての試験を受ける。合格点をもらえるまで、何度でもテストは繰り返される。校舎内や学校の敷地内だけでなく、隣接する小学校の校庭を借りたり、川越駅と本川越駅から走る直通バスに乗る乗客を駅前で送迎したりする作業も含めて、絶対に事故が起きないように、お客さまに喜んでいただけるように、2年間の経験を踏まえて書かれた精一杯の「おもてなし」のノウハウだ。それらを全てそらんじて実践できなければ実行委員とは言えない。いってみれば、この祭の「横軸＝ルール」といっていい。

この縦軸の知恵と横軸のルールを掲げながら、実行委員たちは巨大文化祭に挑んでいく。

3年生の実行委員たちは難関大学を目指す

2つの冊子を見せてくれた2019年度第72回くすのき祭実行委員長、岡田真也くん（3年）はこう語る。

「これだけの規模の祭ができるのは、3年生も実行委員をやっているからです。1、2年生だけでは経験が少なすぎて判断できないことも多々あります。マニュアルにあることしかできないでしょう。でも3年生がトップにいることで過去2年間の経験が生きる。受験を控えた3年生で実行委員をやりたいという人は少ないけれど、3年生がやることで下級生とは違う大きな経験が得られると思っています」

他校を見れば、3年生が秋の文化祭の実行委員となるのは珍しい。そのことを踏まえた発言だ。

岡田くんは過去2年間、ポスターをデザインしたり記念品を製作する特別装飾班で活動してきた。実は中学生時代にもくすのき祭に来て、得意な絵を生かして将来実行委員になりたいなと思った経緯もある。2年時には班長にもなった。

その働きを見て、一つ上の先輩たちが組織する「小委」の話し合いで「次期委員長」に推薦された。先輩から「やってくれないか」と相談があったのは、前年のくすのき祭が終わった直後の10月。引き受けるか否か、ずいぶん悩んだという。

「最初は300人を組織するのは荷が重いと思っていました。でも去年の特別装飾班班長もなんとかできたし、自分一人でやるわけではないのでやればできるかな、自分の気持ち次第だと思い直しました。一応親にも相談したところ、背中を押してくれました。小委に入ると夏休みも門づくりに付き合うことになりますが、2年生まで実行委員をやってきて、このチャンスを無碍《むげ》にするのももったいない。忙しいし時間もかかるけれど、無駄になることもないだろうと思って、引き受けることにしました」

過去2年間の実行委員経験を踏まえて、岡田くんが考えている今回のくすのき祭の成功のポイントは何点かある（前代からの継承も含む）。

・実行委員の行動を厳しく律すること～たとえば当日、実行委員の目印である法被《はっぴ》を着ている間は人前で休息をとらない。だらしない格好はしない。
・スマホやラインでの情報をコントロールする〜３００人からの実行委員全員に情報伝達することは大変で、スマホもラインも便利なツールではあるけれど、その使い方をルール化する。SNSを使う場合でも、実行委員としては情報公開のルールを遵守《じゅんしゅ》する。公式情報以外は流さない。
・門班の作業が、過去2年間初日の開会に間に合っていなかった。未完成のまま当日を迎えてしまい、当日前の深夜の作業等で近隣に迷惑をかけた。未完成だと見栄えも悪い。早期に作業を始めて報告連絡を徹底し、開会2日前までの完成を目指す。
・車椅子や手押し車を使った来場者への対応をしっかりする。身障者への対応をマニュアル化する。
・中庭の「のれん街」が毎年混雑する。動線を整理して、人の流れが滞《とどこお》らないようにする。フードコートを設営したり、休息所を増設する、等々。

岡田くんがインタビューに答えてくれたのは5月だった。週に一度は小委で集まり、一つ一つ課題を上げながら解決を模索する作業が続く。運動部に参加している生徒は、まだ現役として活動しているし、当然受験勉強も始まっている。岡田くんはこう言った。

「目指しているのは国立大学です。実力テストでは20番以内にはいるのですが――」

夏から秋に向かって、３００人を組織する巨大なイベントの運営と受験勉強を両立する。３年生実行委員たちは、いずれも難関大学を目指しているという。誰よりも濃密な時間が、すでに始まっている。

苦しい作業の先に、大きな喜びが待っている

２０１８年度第71代実行委員長を務めた菊池崚太くんと副委員長の神澤帝鳳くん、増山輝くんの三人にあったのは、卒業式を前にした3月半ばのことだった。

巨大な祭を開催するための具体的な仕事はどのように継承されているのか？　３００人の委員を割り振る組織はどのようにつくられているのか？　予算規模はどの程度なのか？

いくつもの疑問をぶつけると、以下のような答えが返ってきた。

▼３年生が組織する「小委員会＝小委」は９つの役職に分かれる。

「委員長」「事務系副委員長」「参加団体系副委員長」「警備系副委員長」「校内警備」「校外警備」「電気担当」「委員会企画」「会計」

▼1、2年生が組織する「班」は6つ。

「特別装飾班」「イヴェント班」「中後夜祭班」「宣伝班」「参加団体会場運営班」「門班」

▼実行委員会の発足〜新3年生で組織する「小委」のメンバーは、前年度のくすのき祭直後に3年生委員から依頼・指名される。新2年生がリーダーとなるの各班の班長は、前年の班長が依頼・指名する。生徒会で実行委員会が承認されるのは10〜11月。

▼実行委員のイメージはファミレスの店員〜実行委員は来場するお客さまに積極的にアプローチをかけて、楽しんでいただくことを第一義とする。

▼来場者数の目標は2万人。現在までに2万人を超えた年は2002年、2003年の2年のみ。毎年動員2万人を目標に、さまざまな準備が進められる。

▼さまざまなルールや規則を記したマニュアルは10種類程度ある。警備案、参加団体に配るルール集、装飾に関するルール集等々。約10年前から残るマニュアルを毎年手直し改正している。

▼対外交渉〜駅から高校まで直通バスを走らせる東武バスとの交渉は「小委・校外警備」が担当する。当日駅周辺でビラ配りやバス停の案内を行うのは「宣伝班」。

▼パンフレットの広告取りも宣伝班が行う。交渉相手は例年決まっているが、新規開拓も行う。パンフレットだけで約30社廻る。

▼ドリンク類は実行委員会で一括購入して、飲料を販売する参加団体に配っている。ある年、前もってコカ・コーラ社に当日搬入してもらうドリンクの種類と本数を相談していたが、学園祭のラッシュで特定の種類が納品できないという事態になった。その時は先生に相談して、代わりの種類を搬入してもらった。

▼中後夜祭担当は音響器材のレンタル、リース契約も行う。ステージの鉄骨も業者に発注する。

▼予算管理～生徒総会の前に、生徒会と実行委員とで事前協議を行い、予算案を決定。各班は予算請求する際に事前見積もりを行う。たとえば門班は、その年のテーマに添って釘や材木がどの程度必要か算出しておく。予算成立は12月。

▼総予算～生徒会費から支給される総予算は、祭全体でだいたい１３０万円から１４０万円。前年度からの繰り越し額によっても異なる。生徒が現金を管理するのではなく、学校が管理して、領収書と引き換えに精算される。生徒が多額の現金を持ち歩くことはない。

▼収入～実行委員会の収入はパンフレットに掲載する広告料（協賛金）のみ。見開き1万円、1ページ５０００円と定価を決める。だいたい総売上は20万円程度。この収入は、予算から

オーバーした部分の補てんに使う。

▼参加団体～1、2年生は有志とクラブ単位で参加する。3年生はクラスで参加する。ジャンルとしては「食品飲食」「遊戯アトラクション」「発表」「展示」等に大別されるが、偏《かたよ》る場合や風紀上問題があるものは、実行委員会から「内容を変えてほしい」と要望する。

▼当日は、隣接する川越第一小学校の校庭を借りて入場者に整列してもらう。9時半の開門前に来た人、あるいは開場後、校内が混雑して門からの入場ペースが落ちた場合、門の前での人だかりは危ないので、3年生の警備担当がトランシーバーで連絡をとりあって、来場者を整理する。整列場所には「雨の日案」と「晴れの日案」がある。

▼水泳部のシンクロ＝ウォーターボーイズには、例年プールサイドに約8000人の集客がある（隣接する理科棟の各階の窓から見物している人は含まず）。10時から15時半まで、1日に5～6回の公演があるため、次の回を待つ人は中庭ステージ脇に整列していただく。この待機場所にも、「雨の日案」と「晴れの日案」がある。

▼当日、常時動いている実行委員は最大で約200人。委員長が統括する。各ポイントからトランシーバーで連絡をとりあう。川越駅と本川越駅前に駐在する担当者からも連絡が入る。熱中症や体調不良等の人が出たときの対処がポイント。

▼実行委員は、会期の2日前から校内で4泊5日の合宿に入る。貸し布団を用意して、図書館棟のセミナー室と体育館内の合宿所に宿泊する。朝と昼の食事は特別装飾班合宿担当が用意。夕食は各自でとる。

まだまだ書き切れないほど細々した取り決めやしきたりはあるが、このようなステップを踏みながら、くすのき祭の準備は進む。高校生の文化祭なのだから、自分たちが楽しめばいいではないかという意見もあるが、やってくる観客を前にして、川高生はより高い目標を掲げる。

——自分たちも楽しむ。それ以上にお客様にも楽しんでいただく。

苦しく煩雑な作業の先に、より大きな喜びが待っていることを若者たちは知っている。

その一つ、祭のシンボルとなる高さ十数メートルにも及ぶ巨大な「門」をつくる門班の作業は、こんなふうに始まっていく。

ＯＢ会がある門班の建築魂

正門を入ったくすの木の根元につくられる門には、日本建築に使われる「木造軸組工法」に三角のあて木が使われる。71回くすのき祭の門のモチーフとなったのは、ウクライナの首都キエフにある「聖アンドリーイ教会」。鮮やかな彩りと、角からせりだす4つの小塔が印象的だった。

門班では、前年度の祭の直後から次年度新2年生の班長と班員が決まる。他班と違うのは、門班だけにはＯＢ会があることだ。建築設計系の学部に進んだＯＢを中心に有志に集まってもらい、強度やつくり方などのアドバイスをもらいながら設計図作成に取りかかる。

門班に参加するのは1年生が約60人、2、3年生が約30人。71代くすのき祭実行委員委員長の菊池くんは、その意義をこう語る。

「門に関しては、祭全体の『顔』として考えています。まず来場者をあっと言わせて度肝を抜く。そのための予算は最大の50万円をとっています」

第72代の門班班長は、2年生の関内峻平くんと決まった。1年時も門班班員で、作業は一日も休まずに全出席したという伝説の持ち主だ。門づくりにかける思いをこう語る。

「二つ上の兄がやはり川高生で、くすのき祭は実行委員会に入ってなにかやったほうがいいよと言われていました。当初参会班（参加団体会場運営班）に入ろうと思ったのですが、門班の人数が少なかったので、元々興味のあった門班に立候補しました。作業日数では他班に比べると門班が圧倒的に多いです。夏休みは特に――」

作業を始めた当初、のこぎりもまともにひけなかった関内くんは、一本の材木を斬るのに約1時間かかっていた。線を引いても、真っ直ぐに斬ることすら難しい。斬り口が曲がってしまったら、やすりをかけて修正しなければならない。ますます時間がかかる。

ところが一学期は週に2、3日、夏休みはほぼ全日作業を重ねた結果、祭の本番近くなるとものの5分で材木が斬れるようになった。線を引くさしがねの扱い方、釘うち、ほぞを切るノミの扱い方、ペンキの色塗り等々。さまざまな作業が、いつのまにか楽に簡単になった。

門班班長として迎えた3月、新入生を迎える前にすでにモチーフ（塔のモデル）は決まり、設計図もできているという。その仕事の内容をこう語る。

「門班には先輩から引き継ぐ総括マニュアルというものがあって、設計図の書き方も書かれています。ぼくは先輩からデータでそれをもらって参考にしました。門のモチーフは海外のものでも国内のものでもいいのですが、過去の門とダブらないように、著作権にもひっかからないように、班員から案を出してもらって投票で決めました。いまはまだ発表前なのでモチーフは

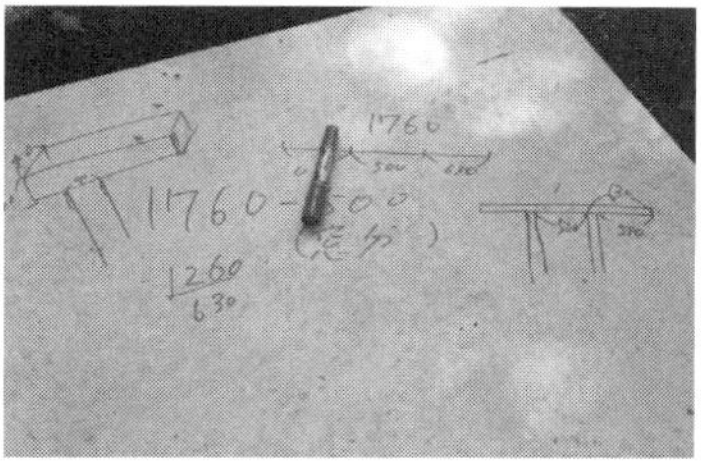

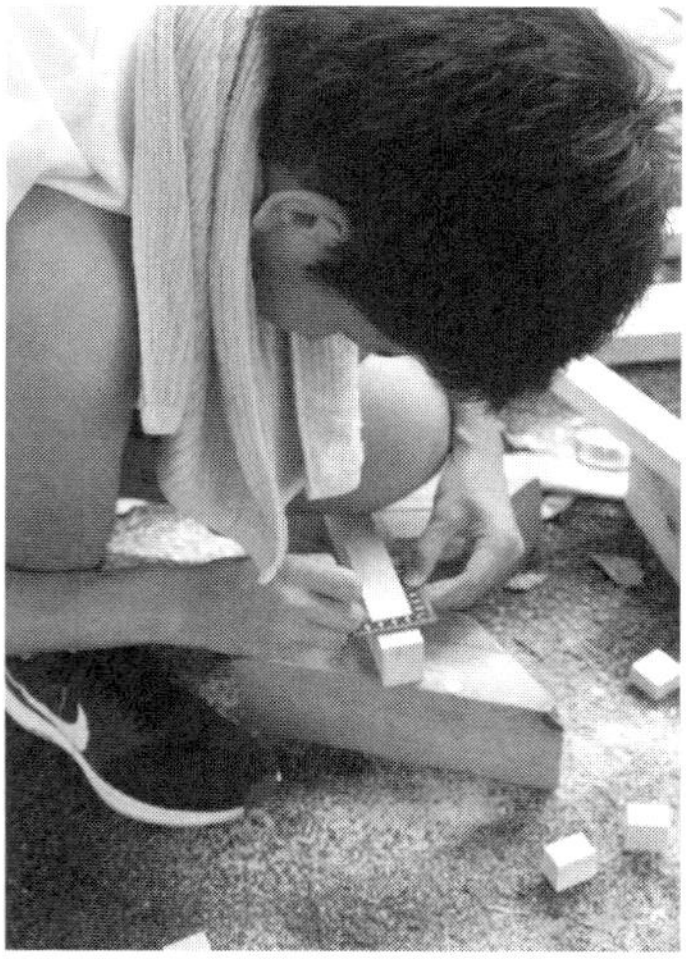

夏休みもほぼ毎日、門づくり作業は続く。参院選のポスターが貼られたままのベニヤ板など、廃材利用で予算を削減。作りかけの門の日陰にはお弁当箱が転がっていた。

言えません。門は高いもののほうがインパクトがあります。過去にはお城もありました。仕事は班内を『前面班』『側面班』『背面班』『塔班』に分けて、1、2年生が外装を手がけて3年生は内装を担当します。夏休みに入ったら正門のくすの木の前に本土台を建てて組み立てを始め、3年生はそこからやってきて内装に取りかかります」

気になるのは50万円の予算の使い方だ。いくら前年の経験があるとはいえ、毎年異なるモチーフをつくるのに材木代や釘代等を予算内に収めることは可能なのだろうか。

「去年は予算内に収まりましたが、オーバーしたら班員の数で割り勘して、お小遣いから出した代もあったと聞きました。そうならないようにしないといけないと思っています」

時間と情熱、そして智恵だけでなく経済的な負担まであったら大変だ。関内くんたちは綿密に材料費を調べ、予算をたてながら作業に取りかかる。一学期中は中庭で材料斬り、ほぞきりに取り組み、夏休みになったら正門前での土台づくり、そして組み立て、内装づくりが始まる。

「祭の当日までに完成するかどうかは、夏休みになってみないとわかりません」

そう言って、関内くんは仲間が作業する中庭に戻っていった。

実行委員会キックオフ！

「もっと奥に詰めて詰めて〜これじゃ入りきれないよ。もっと教室の右奥の方に詰めてください〜」

マイクを片手にブルーの法被《はっぴ》を着た2年生が叫ぶ。入学式を終えて約2週間後、4月23日の午後。図書館棟二階のセミナー室は、あっと言う間にジャージ姿の新入生約２００人で一杯になった。すし詰め状態で暑苦しい中、1年生の入場がすむと、背中に「71th Kusunoki fes」と染め抜いた法被姿の2年生の司会者が叫ぶ。

「今日はくすのき祭実行委員会発足式に来ていただいて、ありがとうございます」

司会者の隣には、やはり法被を着た72代実行委員長の岡田くんの姿も見える。この日は実行委員会が動き始める最初の日。緊張した表情だ。自発的に集まった1年生たちは、6つの班への登録をして委員としての仕事を始めようとしている。その中の一人、大里尚輝くんはこう語る。

「ぼくは中学校も川越市内だったので、くすのき祭には何回も足を運んでウォーターボーイズも応援団の演舞もみていました。門や他の出し物をとっても、並の高校生ではできない高いレベルでかっこいい。将来は川高に入りたい、実行委員になって自分の力を生かしたい。受験で川越高校を選んだこと自体、くすのき祭が大きなモチベーションでした」

同じく1年生の松島一樹くんはこう語る。

「勉強だけに力をいれるなら、他の私立高校でもよかったと思います。でも川高生は勉強だけでなく、くすのき祭もクラブ活動も全てにがんばるというイメージがあります。中学時代にくすのき祭に来たときも、楽しんでいってねという熱意を感じました。川高生は勉強以外のところも本気であることがかっこいいと思います」

第71代実行委員会解散、72代発足

発足式は進み、法被を着た新2年生たちが1年生をぐるりと取り囲む態勢をつくった。

「いまから71代実行委員会の解散を正式に行いたいと思います」

司会者が言う。

「71代、かいさ〜ん」

その言葉を合図に、2年生は一斉に法被を頭上に放り投げた。これで1年間着慣れたブルー

の法被とはさよならだ。1年生と共にこれから新調する法被に着替えて、新しい活動が始まる。

同時に室内6カ所に各班の2年生班長と班員が分かれ、1年生たちは希望の班のところに集まることになった。各班の班長は、自分たちの班の仕事をアピールしはじめる。

「イヴェント班はステージ上で個性を生かした活動ができますよ。やり甲斐があります」

「参会班は夏休み中の活動は一番少ないです。勉強との両立がしやすいです」

「宣伝班は校外での活動が一番多いです。いろいろな人とかかわれて楽しいです」、等々。

ところがこの結果各班の班長のもとに1年生が集まってみると、門班が目標としていた60人よりはるかに足りないことが判明した。司会者が慌ててアナウンスする。

「門班が足りないです。夏に青春したい人、門班に移ってください」

「まだ門班が足りないです。あと10人はほしいなぁ」

何度か続いたこのやりとりの中で、数人の一年生が立ち上がり、場所を移動して門班の場所に移動した。その中に、前出の大里くんもいた。あとからこう振り返る。

「ぼくは当初は中後夜祭班を希望していました。でも門班が足りないとアナウンスされて、人が足りなくて門のクリオティが落ちたらくすのき祭は成功とは言えないので、やりますと言って移ったのです。門班はきついと聞いていますが、どの班に行ってもくすのき祭が成功すれば後悔はないと思うから、手を挙げました。今年の夏休みは門づくりに捧げます」

大里くんのように、門班の窮状を見かねて何人かが場所を移しはじめた。それでもまだ目標の人数にとどかない。かといって上級生たちは、くじ引きやじゃんけんにする気はないようだ。あくまで個人の意志を尊重しようとしている。いよいよ司会者も最後の切り札を用意した。前年門班の班長、3年生の登場だ。マイクをもった田中貴大くんは、こう語りはじめた。

「勉強とくすのき祭実行委員と両立を考えて、妥協して班選びをしようとしている人は、真の川高生ではないです！」

いきなりハイトーンで始まった演説に、周囲の上級生から「オーッ」と歓声があがる。

「全ての壁にトライするのが真の川高生じゃないですか。門はおれたちの魂だ！　そこまでのめり込める門班に何で行かないんですか？」

そうだ！　やれ〜。大教室中からやんやの喝采だ。その歓声におされるように、1、2、3、4、5人の手が挙がり、門班班長の前に移動する生徒が続出した。田中くんがさらに続ける。

「過去には3年間門班を続けて、それでも現役で京大に行った先輩もいました。勉強との両立が難しそうだなんて、そんな弱い気持ちの人は、最初から実行委員会にこなければいいんです。現役の門班の中にもAランク（成績で上位10％）の人もいます。ぼくらはトライすればできるんです‼」

この最後の一言で、さらに６人が立ち上がって門班に移動した。これで目標の60人に近づいた。上級生の熱意が下級生にも伝わった結果だった。

「真の川高生」とは？

それにしても「真の川高生」という言葉が胸に刺さる。常識的に考えれば、夏休みのほとんどを作業にあてなければならない門班は人が集まらなくても仕方ない。進学校に入学したのだから、１年時から受験を視野にいれた勉強時間を確保したい気持ちは誰もが持っている。けれど「真の川高生」はいくつもの壁にチャレンジして当たり前。勉強をがんばることは当然のこととして、さらにくすのき祭を成功させてクラブもがんばって、それ以外の活動でも頂点を目指す――、という姿勢が真顔で語られるのが清々《すがすが》しい。

不思議なのは、同じ言葉を、まだ入学早々の一年生も語ることだ。

この日、最初から門班を希望していた1年生、今野優希くんはこう語る。

「両親に相談したら、門班は激務で大変なんじゃないの？　と心配されました。でもぼくが川高を選んだのは、勉強以外の活動にも熱意を注いで、濃密な3年間を送れるというのが一番の理由だったんです。勉強だけがんばりたいなら私立に行けばいい。なんにでもがんばる先輩たちの姿がかっこいいから、ぼくは川高を選びました」

今野君もまた、中学生の段階でくすのき祭に来場し、先輩たちの姿を見ている。正門に聳《そび》える大きく立派な門。各教室で繰り広げられる出し物。部活動の成果発表。応援団の凛々《りり》しい姿。超満員の観衆を魅了するウォーターボーイズの水しぶき。全てが無言の「教え」であり、くすのき祭で川高生の姿を見て、「いつかはああなりたい」と「ロールモデル」としてきたのだ。

3年生の岡田くんたちも、先輩から指名を受けて「自分たちがいまやらなくて誰がやる」と覚悟を決めて実行委員を引き受けた。1年生たちも、かつて憧れた先輩たちのように、自分もいまがんばるときだと決心して、実行委員会へ、門班へと名乗りを上げる。

勉強することは当たり前。その上でさらにどこまでがんばれるか？　まさに彼らは自らの「のびしろ」を試すために、手を挙げたと言って間違いない。それが「真の川高生」であると信じて——。

気がつくとセミナールームの室温は、生徒たちの熱気を受けて2、3度はあがっていたようだ。約1時間半かけて、全ての班員が決まった。毎年繰り返されるこの作業の中で、上級生の思いは下級生に伝播《でんぱ》していく。だからこそ、くすのき祭を舞台に幾多の物語も生まれてくる。

その中でも、くすのき祭の人気を支える最も熱い二つの物語を、次に紹介しよう。

応援部

～守るべきものと変わるべきものの格闘の末に

校外からも演舞の依頼がある「街の華」

川越高校体育館3階のアリーナに向かう階段をあがりながら、一瞬目を疑った。バレーボールコート2面はとれる広いアリーナにはびっしりと椅子が用意され、すでに観客は超満員、1000人を超える状態だった。こんなにも人気なのか？　しかも一般客の方が多いじゃないか。

屋外からは、中庭で行われている模擬店に屯《たむろ》する観客の嬌声が微かに聞こえてくる。校舎内でも、すでに数千人の人々がさまざまな出し物を楽しんでいるはずだ。それなのに体育館にもこんなに観客が集まっているとは。

2018年9月2日、久しぶりに出かけてみた川越高校くすのき祭は、いつの間にか総動員約2万人を誇る、高校の文化祭では全国有数の一大イベントになっていた。

その中でもここ数年は、体育館でこれから始まろうとしている応援部の「演技発表会」が屈指の人気だとは聞いていた。それが嘘偽りではないことは、この客席を見るだけで納得できる。

暗転となった館内に、スポットライトに照らされた巨大な大団旗が翻る。長さ21尺半（約6メートル45センチ）、大きさ畳約10畳分、重さ約60キロ。野外で風雨を受ければ2～3倍にも重くなるといわれる学校のシンボルだ。

旗手長を務める黒田悠馬くんは、肩から腰にかけて黒い革製のベルトを巻き、そこにポールの根元を差して両腕で60キロを支えている。太鼓の音とともにゆっくりと背を反らしながらバランスをとって腕を降ろすと、大団旗は観客の頭上にのしかかるように降りてくる。そのままゆっくりと全身を右から左へ向けて振ると、巨大な鳥が羽根を広げるかのように、2本の白線を伴った団旗がその雄姿を現す。

「おーっ！」。それだけで客席からは大きな声が漏れる。川越高校応援部では、伝統的に片手でこの大団旗をふれないうちは旗手長を名乗れない。観客は頭上を舞う団旗の姿から、長い伝統とそれを支える団員たちの日頃の厳しい鍛練を想わずにいられない。日常の中で、こんなに荘厳な気持ちになる瞬間はあるだろうか。応援部の人気の秘密はここにある。一つの演目が終わるたびに、客席からは大きな拍手が起こる。

同じシーンは、2019年2月11日に行われた県内6校応援団が集う第44回「日輪の下に」でも展開された。川越高校、浦和高校、熊谷高校、春日部高校、不動岡高校、松山高校応援団が一堂に会し、吹奏楽部や野球部の生徒も参加して、日頃の成果を発揮し合う伝統行事だ。会場となった不動岡高校体育館には、ダボダボのズボンの学生服に学帽姿の（唯一共学の不動岡高校の女子団員は学生服に長い純白の鉢巻き姿）学生たちが大勢集まった。ピカピカ光る足元の皮靴は、歩き回るたびにコツコツと高い音を響かせる。

各校ともに鍛えられた演舞を見せるが、見比べれば各校の微妙な違いが如実にわかる。まず人数が違う。この日参加しているのは各校ともに1、2年生だけだが、川越高校は約20人で最も大人数だ。中には全5名程度でいくつかの演舞を一人のリーダーが掛け持ちする学校もある。拍手の仕方も微妙に違う。ただ漫然と両手を打つ学校もあるが、川越高校は掌だけでなく肱《ひじ》まで腕全体が当たるように、不自然なまでに美しいフォームをつくる。

演目も多彩だ。司会者挨拶と団長が学生たちを鼓舞する「学生注目」のあと、吹奏楽部の演奏とともに完全オリジナルの「川高応援メドレー」、数十年ぶりに新調した中団旗がうち振られる「第一応援歌」、さらに前年に川高生の作詞作曲で完成した第五応援歌まで、完全オリジナルな演目が続く。早稲田や慶応の応援曲を使う学校が多い中で、これも異色だ。

ステージ中央に立った団長の千葉涼介くんは、白手袋も凛々しく左手を腰に右手を振り上げ、ユーモアも交えて居並ぶ野球部の面々や客席を鼓舞する。

「私は幼いころから歌って踊れるジャニーズの嵐に憧れていた」（そぉーだー）

「どういうわけだか、私は高校生になって歌って踊れる応援部に入っていた」（そぉーだー）

身長こそ170センチ足らずと小柄だが、きびきびした動き、しなやかな腕の振り、豊かなスピード感とジャンプ力、リズム感、滑舌《かつぜつ》のよさは圧巻だ。かつて市内で演舞したときには、ドイツ人から「役者にならないか」と誘われたというエピソードもある。吹奏楽部の小気味いい演奏と、応援部のリードに応える野球部の存在もあって、約1時間にわたる演舞は客席を巻き込んで凛々しい空間をつくった。

この二日間だけではない。最近の川越市内では、市民マラソン大会のスタートやまるひろデパートの催し、警察のイベント等で川越高校応援部はアイドルとして大人気だという。

さすがに伝統を誇る応援部だ。こうした光景が長年続いてきたのだろう。そう思っていた。

ところが。実はそうではなかったのだ――。

何年かぶりに翻った団旗、湧き起った生徒の歓声

「私が川越高校に赴任した2010年ころは、応援部は人数が少なくて2年生一人という時代もありました。このままでは部の存続も危ない。それ以前に私は春日部高校の教師だったのですが、川高応援部の危機をみて、たまたま行われた川高の倫理教師の公募に応募しました」

現在応援部顧問を務める社会科教諭・坂東正己氏が語る。

浦和高校在学中に応援団・リーダー長だった坂東氏は、高校時代から長く川高応援部の活動をみてきた。その独特の腕の振りや美しい演舞は、ライバルとはいえ一目おいていたという。春日部高校の教員時代も、浦高応援団OBとして「日輪の下に」へはたびたび参観し、ある年は部員不足で不参加になった川高応援部のことを案じていた。このまま川高の応援部が消滅したらいけない。

「私に応援部の指導をさせてください。伝統を守らせてください」

教員公募の採用面接の時、坂東氏は川高の松下幸夫校長（当時）にそう迫った。同じように危機感を持っていたであろう松下氏の判断で、採用が決まったという。

着任した2010年の新学期。坂東氏は時には1年生の現代社会の授業を潰してまで「応援

部アピール」を行った。

——今どき礼儀正しくて自己犠牲の精神に満ちている子は少ないから、就職でも引っ張りだこだぞ。男子校なのに応援部がなくなった時を想像してごらん。全く違う学校になってしまう。全校をリードする応援部がなかったら、川高も寂しいだろう。何年か前の団長は、バレンタインデーでは駅で女子高生の行列ができていたらしいぞ。

そう言って、応援部への入部を切々と説いた。

振り返ればこの時代、川高に限らず全国の高校大学でも、応援団は疎《うと》まれる傾向にあった。

1999年6月6日付けの産経新聞には、「東京六大学『歴史と伝統』変化　花の応援団リストラ時代」という記事が掲載された。このころ期せずして早稲田、慶応、立教では団員数が半減、法政、明治では最盛期の4分の1、東大はわずか7名という厳しい状況となった。各大学の団長以下メンバーは団の運営方法を見直し、それまでの封建的なやり方から、民主的な「話し合い路線」に変えようとしていると記事は報じている。巷《ちまた》では「相撲部と応援部は前時代的で厳しい」という風評がたち、若者たちから毛嫌いされていた。

川越高校応援部も同様だった。3年生部員の推移をみると、2001年0人、02年4人、03年0人、04年3人、05年4人、06年2人、07年1人、08年0人、09年0人、10年1人、11年0

人と長期低迷が続いていた。09年には部員が2年生（当時）清水俊介くん一人しかおらず、若手ＯＢの力を借りて演技発表会を行ったという記録もある。通常なら入学式、終業式、卒業式等の学校行事では応援部が舞台に立ち、大団旗を掲げて校歌や応援歌を歌う習わしだが、それもできなかった。坂東氏が着任したのは、そういう時代だったのだ。

ところが坂東氏が授業で熱弁を振るうと、その思いを受け止める1年生が現れた。2年間一人で伝統を守ってきた団長、3年生清水くんの雄姿を見たこともあり、応援部への入部希望者が11人も現れた。すると一学期の終業式で、こんなシーンが出現した。

「お〜〜〜っ!!」。体育館に整列した全校生徒から、期せずして大きなどよめきと歓声が漏れた。それは、新入部員の力を借りて久しぶりに大団旗が舞台に翻った瞬間だった。坂東氏が振り返る。

「あの歓声を聞いて、生徒たちも嬉しいんだ、大団旗が翻るところを見たかったんだと改めて思いました。大団旗は一人ではあげられません。新入生が入ったことで、何年かぶりに団旗が翻ったんです。これこそが川高のあるべき姿だと確信しました」

そうした全校生徒の声にも背中を押されてか、以降入部部員は順調に増え続け、3年生は12年に7人、13年9人、14年7人と安定した。12年には川高体育館で「日輪の下に」を開催。13年、フジテレビ「夏☆1グランプリ　高校生キングオブパフォーマー」出演。14年、6代目大団旗新調。15年、小江戸川越マラソンに応援参加。この頃、細田宏校長の在任中には、初雁球場での野球部の試合の「全校応援」も行われた。授業を潰し、養護教諭とも綿密な打ち合わせを行った上で、炎天下に全校生徒が応援部の指導の下、野球部の勝利を一心に応援した。それ以降、学内の雰囲気も一体化し俄然《がぜん》よくなった。

応援部のレゾンデートルここにあり。だが、部員が増えても、団の運営が一筋縄ではいかないところが応援部の難しいところだ。

伝統を守り、伝統をただす、OBの視点

――息子が言うには、練習にOBの方がやってきて、教育現場では首を傾げるような態度で練習を指導する方がいるそうです。教育的によくないと思いますので注意をお願いします。

あるとき保護者から、そんな連絡があった。坂東氏はすぐに応援部OB会副会長の松本朗氏に連絡をとり、事情を話してOB会で注意してもらった。以降そういう行いはなくなったが、OBたちはこの時期、いつも以上にさまざまな形で現役応援部にかかわってきた。坂東氏が振り返る。

「OBのみなさんからしたら、現役の部員の指導と同時に、新しい顧問である私を監視する気持ちもあったかもしれません。今度の顧問はどんな指導をしているのか。伝統を崩していないか。その確認もあったのでしょう」

この言葉でもわかるように、応援部ほど現役とOBの関係が密なクラブもない。平日の練習でも大学生を中心に頻繁にOBが来校して伝統の技を指導してくれる。夏休みなど長期休暇には社会人OBもやってくる。先輩後輩の縦の関係は卒業後何年たっても崩れない。OBの指導なしに伝統の継承はありえない。時には北海道からわざわざ指導に来てくれるOBもいる。

ところがそのメンタリティが裏目に出ると、時に現役生には厳しい仕打ちとなる。例えば本館屋上での練習時、気分が悪くなるほど長時間腕立て伏せをさせられている生徒がいた。見かねた坂東氏が「もういいよ」と言っても、その日来校していたＯＢの一人が、「いや先生、まだまだです」と言って、顧問の指導を遮《さえぎ》ることもあった。坂東氏が語る。

「ＯＢにしてみたら私は外様《とざま》です。年齢的には私より若くても、川高の応援部においてはＯＢの方が伝統を背負う自負も持っている。実際にＯＢの方々に指導していただかなかったら伝統は継承できません。けれど場合によっては、変えるべきところは変えないといけない。その辺が難しいところです」

春日部高校応援指導部では、顧問になるのは同校の伝統をよく理解しているＯＢ教師でなければならないという不文律があるという。独特の縦社会を形成してきた応援団には、社会や教育界の常識が通じない面があるのだ。確かに現役生が少なくなって部の存続の危機にあるときも、連日練習に現れ現役生を鼓舞してくれたのはＯＢたちだった。部員が足りないときは平日昼間でも来校し、学生服を着て舞台に立ってくれたＯＢもいる。

――ＯＢのみなさんの意思を無碍にしてはいけない。

坂東氏はそのことを肝に銘じて、時に応じて来校するＯＢと酒を酌み交わし、情報交換を密にしながら少しずつ信頼関係を築いていった。

そんなある日、2017年の夏、一人のOBから以下のような趣旨のメールが入った。

「実は、ここ数年抱いております私の思いを現役の皆さんにお話しさせて頂ければと考えております。今や当然のように行っている早稲田大学の応援曲（マーチ）を使用した『モノマネ応援』から脱却し、伝統校の誇りをもって、川高ならではのオリジナル応援を確立して頂きたいということです。私は現役の皆さんを否定したり、責めたり、説教をするわけでは全くございません。これらは現役の皆さんが入部された時から行われていたことですから、今の方たちに非や責任は全くありません。むしろ川高の伝統を受け継ごうと一生懸命やってくれていることなのだと思います。ですから、私のスタンスはあくまでお願いであり、ご提案、問題提起です。誰かが立ち上がって、見直しをして下さり、川高の新しい歴史を築いてもらえれば幸いでございます。どうかこのようなお話をさせて頂きますことをお許し頂きたく、何卒《なにとぞ》お願い申し上げます」

それは1981年から83年に川越高校応援部に在籍し、統制部長を務めた第24代OB菅野真二氏からのメールだった。氏はその後進んだ早稲田大学でも応援部に所属。就職したNTT東京（現・NTT東日本）でも93年まで応援団で活動していた。坂東氏は、すぐに返事を出した。

「菅野さんの感じていらっしゃることは、実は私も日頃から歯がゆく思っていたことで、私にとってまさに渡りに舟のお申し出でした。ご助言、ご指導いただき、ますます川越高校応援部を発展させていただければと存じます」

この「渡りに舟」という言葉に背中を押される思いだった、と菅野氏は言う。

「7月の応援風景をみてから随分悩みました。30年以上も昔のOBが突然姿を現して、オリジナル応援にすべきという持論を訴えかけていいものだろうかと。OB会長と副会長にはご了解を頂いたので、次に顧問の坂東先生の許可を頂くためにメールを送りました。先生にご賛同頂けなければ、現役生に話をするのは諦《あきら》めるつもりでした。ところが先生も同じ思いだと知り、大変心強く思いました」

実はその2年前、２０１５年の夏にも、菅野氏は川高野球部の応援に出かけている。そこで後輩たちが早稲田大学の応援曲「大進撃」「スパークリングマーチ」「コンバットマーチ」等をメインに応援しているのを見てショックを受けた。帰路の酒席で若手ＯＢに、「伝統校がモノマネ応援をしていていいはずがない。川高らしい応援をするように現役生にいっておいてくれ」と託していた。それだけに、2年後の夏にも同じシーンを目撃したことが辛かったのだ。

さらに17年の夏には別のきっかけもあった。所属するＮＴＴ東日本の野球部が都市対抗大会で快進撃を続けた。応援に行くと、観客席は応援曲の「ハウディ・アタック」、「スパートNTT」といったオリジナル応援で盛り上がっている。それらは約30年前に菅野氏がつくって団に残したものだった。チャンスになると鳴り響く「スパートNTT」では、ひときわ大きな声で自チームの選手名が連呼される。東京ドームに現れたNTTワールドは、NTT東日本の優勝で頂点に達した。

——やっぱり応援はオリジナルでなければ——

菅野氏の思いもピークに達して、坂東氏へのメールに繋がったのだ。

やがて8月12日、本館屋上での練習後、現役生たちを前にこう語る菅野氏の姿があった。

新たな伝統、オリジナル応援メドレーの誕生

「みなさんには歴史ある埼玉の古豪、我が川越高校の応援団としての誇りはないのですか?」

後輩たちを前に、菅野氏はそう語りだした。それは相変わらずモノマネ応援が続いていたことに落胆し、大宮球場からうなだれて帰路についた日から1カ月後のことだった。言葉はこう

続く。

「私は早稲田大学応援部のＯＢでもありますが、川高応援部の誇りを忘れたことは一度もありません。それが土台石や精神的支柱になって、早稲田での4年間を全《まっと》うすることができました。その伝統校が他校の応援を真似するという、安易で低レベルな次元に甘んじてはなりません。みなさんの入学前からこの応援が行われていたとしても、モノマネはモノマネ。伝統を受け継ぐことも大事ですが、川高応援部の新しい歴史をつくることも、みなさんの重要な使命です。それは現役生だけの特権です。目を覚ましてください」

それは「いますぐ変えてください」という命令調ではなく、あくまでも「目を覚ましてください」というお願いだった。オリジナル応援を確立しようという提案として後輩たちに聞いてほしい。それが菅野氏の思いだった。その証拠に、菅野氏は現役生へ二つの配慮を施した。

一つはこの日、3年生から1年生まで、全部員が揃っている前で話したことだ。氏は言う。

「私が提案しても、オリジナル曲ができて振り付けも考えると、完成するのは来年度になります。そうなると現3年生は引退してＯＢになっている。なぜ俺たちがやってきた早稲田の応援曲を使わないのかと怒る人も出てくるでしょう。そうならないように、現3年生にも理解してほしいと思って全員揃っている場で話すことを選びました」

もう一つはオリジナル応援曲の提案者として、代案も持っていたことだ。氏はこの時、自作した応援曲「Ｗｉｎｎｅｒ川高」と「ＢＬＡＺＩＮＧ」、さらにオリジナルのファンファーレ曲の３曲を、後輩に託すために用意していた。

実は菅野氏は、現役時代にもオリジナル応援歌をつくった経験があった。こう振り返る。

「川高生時代、私は六大学応援団の校歌と第一応援歌が録音された「六旗の下に」というレコードを毎日聴いていました。聴き比べていて、川高の第一応援歌「奮え友よ」よりテンポのいい新しい応援歌をつくりたいと思ったのです」

川越高校の第二応援歌は、元々は熊谷高校の応援団ＯＢが一橋大学の応援歌をアレンジしたもので、それを熊谷高校から譲り受けたもの。一般生徒はほとんど認識していないが、「イッキョイッキョ、いざふるえ～」の部分では「一橋、一橋」と校名が連呼されている。第三応援歌は童謡「はなさかじいさん」の替え歌だ。

当時３年生だった菅野氏は自分たちの感性の応援歌をつくりたいと思い、作詞を一度は文芸部の友人に頼んだ。けれど思うような詞が完成しない。仕方なく自ら作詞にトライし、「常に高い志を持って進んでいく」という思いから、「凌雲の志」という言葉にたどりつく。曲は音楽の大高秀一先生に依頼。完成した歌は現在も第四応援歌として歌い継がれている。そればかりではなく坂東氏が「凌雲の志」と染め抜いたTシャツやパーカーを企画化すると、一般生徒や保護者もそれを買って着るようになった。時を越えて川高生を象徴する言葉になったのだ。

「まさかこんなに長い間歌い継がれ大切にされるとは思ってもいませんでした」と菅野氏は恐縮する。そんな経験も踏まえて、オリジナル応援が継承される重みを人一倍感じていたのだ。坂東氏にも同様の思い出がある。

「浦高2年の時に、何十年も歌われずに消滅してしまっていた第一応援歌の、判明しなかった部分の詞を穴埋めして復活させたことがありました。その曲はいまも歌われています。嬉しいものです」と、語る。

菅野氏の提案に、現役生たちも発奮した。坂東氏が振り返る。

「菅野さんの提案の前から、第52代（17年度の3年生）の発案で第五応援歌の公募が行われていました。続く第53代は総務の郡山結人くんを中心に、菅野さんがつくってくださるマーチと合わせて本校英語教師でジャズプレーヤーの長島一樹先生と、OBでピアノ教師の山田隆広さんにお願いして応援曲（マーチ）をもう2曲とファンファーレもつくりました。つまり18年夏の野球応援ではオリジナル応援に切り替わっていたのです」

第52代は、完全オリジナル応援歌のメドレーの呼び名を、それまでの「野球応援メドレー」

から「川高応援メドレー」に変えた。野球部のためだけでなく、ラグビー部、水泳部等他の部活や、川高生全体を応援するためという思いを込めたのだ。

そういう歴代の改革の取り組みをみていた坂東氏は、こう振り返る。

「伝統を重視する応援部で、新曲が次々と生まれる改革は珍しい。ここ1、2年で応援のスタイルはがらりと変わりました。千葉団長たち第54代は先輩たちの改革をみてきているから、自分たちも新たな行動を起こしたいと決意しているようです」

「歴代最高」という覚悟

「お前ら声のばせ〜〜」「お〜すっ」。「やればできるんだから最初からやれよ〜」「お〜すっ」。

川越高校本館屋上では、この日も応援部の大声が幾重にも谺《こだま》していた。傍らでは旗手長の前川俊輔くんが団旗を掲げ、正面に置かれた2台の大鏡はリーダーたちの姿を映し出す。白地に緑のラインが入った体操着を着る1年生と、青のラインの2年生。約20名の部員が、時に両足を踏ん張り、声を張り上げ、拍手を繰り返し、腕立て伏せを続けながら、大空に向かって常に何事かを叫んでいる。

19年2月11日に行われる「日輪の下に」を1週間後に控えた放課後の練習。冬の空は澄み渡り、遠く秩父の山々も夕陽に照らされて鮮やかな姿を見せている。学校のシンボルであるくすの木の頂点の高さにある屋上からは、野球部もサッカー部も陸上部も、全ての活動を見下ろすことができる。そんなのどかな景色とは対照的に、部員たちにとっては一時も気を抜けない張りつめた練習が続く。

1年生の目の前で、2年生が拍手の動作を繰り返す。おうむ返しに1年生が真似て、それを大声で2年生が修正する。その繰り返しが延々と続く。練習の合間に、下級生が呟《つぶや》く。

「目の前の先輩には、目玉を動かすと怒られます。集中するときは目玉を動かしてはいけないんです」。「一日に一度は精神的な極限状態に追い込まれます。一瞬でも気を抜けません」

まさに斬るか斬られるか、ぎりぎりの精神状態をかけた「闘い」だ。

全ての練習を終えたあと、屋上の中央でふんばっていた第54代団長の千葉涼介くん（2年生）と、渉外の伊藤大星くん（同）がインタビューに応じてくれた。屋上では凛々しく大柄なイメージだったが、学生服に着替えると意外に小柄で笑顔は愛くるしい。3年生は前年9月の「くすのき祭」で引退し、二人は幹部（最上級生）になったばかり。その活動の抱負を聞いてみたいと思った。

——第54代の活動のポリシーを聞かせてください。

のっけからそう問うと、千葉くんの力強い言葉が返ってきた。

「歴代最高を目指します。演技だけでなく、部内の雰囲気や練習中の姿やその内面も、歴代最高を目指していきたいと思っています」

振り返れば千葉くんたちは、1年次の夏に菅野さんの「オリジナル」提案を受けた世代だ。二つ上の第52代がつくった第五応援歌と一つ上の第53代が作ったオリジナル応援曲を、19年2月の「日輪の下に」や9月のくすのき祭で全曲オリジナル発表する使命がある。「改革」を継承する意欲が強いことは理解できる。けれどその過程では、葛藤もあったという。伊藤くんが言う。

「1年生の夏までは、早稲田のコンバットマーチなどを演奏するのは当たり前だと思っていました。菅野さんが来てお話ししてくださって、そこからオリジナル路線に向けて、がらりと部の雰囲気が変わりました」

千葉くんは正直に言う。

「それまで練習してきた曲がなくなってしまう喪失感もありました」

それまで一心に練習してきた下級生にとっては、寂しい思いもあったのだ。

菅野氏は、CDに入れた「ファンファーレ」「BLAZING」「Winner川高」の音源を提供したときに、リーダーテク(振り付け)も実演して見せた。「このままやらなくてもいいよ。やりやすいように変更してかまわないから」という言葉とともに。千葉くんが振り返る。

「10月に曲をいただいてから気持ちを入れ換えて、約2カ月で振り付けも完成させました。その後長島先生の曲もできてきて、一気に新曲が増えました。練習は本当に大変でした」

だがこの間に新たに生まれたものは、新曲だけではなかったようだ。千葉くんたちは幹部になると、もう一つの改革にも踏み切った。長く続く部の習慣を変えたのだ。大変だったのは新曲を振り付ける肉体面ではなく、長年続いてきた応援部の「伝統」にメスを入れるための精神面だった。千葉くんたちが「歴代最高」という大きな言葉を使うのは、その覚悟が萎《な》えないように自ら鼓舞するためなのではないか。

例えば千葉くんたちがお互いに戒《いまし》めあって決めたのは「幹部になっても自分たちが率先して練習する姿を後輩たちに見せる」ことだった。練習で後輩を厳しく指導するだけでなく、率先垂範を示そうと誓ったのだ。それだけではない。

「私たちの代から、顧問の提案もあって、顧問と普通の会話を交わすようにしました」と、伊藤くんが言う。それまで応援部では、顧問教師と話すときは、「オスッ」以外の返答はありえなかった。もちろん演技や動作の指導を受けるときは、「オスッ」だけでも意思は通じるだろう。けれど顧問が「どうなんだ？」と聞いてきても「オスッ」。「君の意見をおしえてくれ」と言っても「オスッ」。これではコミュニケーションが成り立たない。問題が起きても改善できない。それでも長年続いてきた慣習だからと、誰も修正できなかったのだ。

「でもこの状態では、将来応援の素人の先生が顧問になったら部が潰れてしまいます」

坂東氏が言う。

「ぼくもいつまで川高にいられるかわかりません。永い目で見て、変えないと部が続かないことは思い切って変えていこうと思いました。ＯＢには怒られるかもしれませんが、高校生の部活として存続して行くための改革はしないといけないと思っています」

千葉くんはこう言った。

「坂東先生と話し合って改革したことで、コミュニケーションがとれるようになりました。顧問のアドバイスで視界が開け新しい道が見えてくる。すごく大きな取り組みだったので、自分たちで深く話し合って決めていきました」

となると、ＯＢの存在はどう意義付けられるのだろうか。そう問うと菅野氏はこう語った。

「現役生は、自分たちが入学してきた時に行われていたことを伝統だと信じます。でも早稲田の応援曲を使うようになったのは95年からにすぎませんし、流行で取り入れられるものもあります。そういうときにはＯＢが糺してやらないといけない。そういう役割だと思っています」

その取り組みに手応えがあるからだろうか。千葉くんと伊藤くん二人の瞳には力強い光が宿っている。

――日頃、応援部はどうあるべきと思っていますか。

「一言で言えば全校生徒の模範でありたいと思います。自分の姿と行動で愛校心を呼び起こしたい。みんな川高にいる自覚をもって、もっと愛校心を持ってほしい」（千葉）

「ぼくも模範でありたいと思うし、野球部やサッカー部、運動部の人とコミュニケートして、

ぼくの応援が響くようにしたいと思います」（伊藤）

——自分自身は応援部に入ってどう変わりましたか？

「甘えがなくなりました。身体も強くなった。精神的にも成長したと思います。何事にもストイックになりました」（千葉）

「受験になっても、部活をやめたあとののびしろはすごいと先輩からは聞いています。根性を鍛えましたから、その点は変わったと思います」（伊藤）

坂東氏が言葉を継いだ。

「この二人はまだ現役ですが、最後まで部をやりきった卒業生にきくと、引退すると見える風景が変わるといいます。言動も変わってくる印象です。受験勉強なんて、応援部の活動に比べたらたいしたことない。９月のくすのき祭で引退したあとの４カ月で学力はぐっと伸びる。社会人になっても、この体験と人脈は宝物になるはずです」

※

ふれ～ふれ～か・わ・こ・う～、ふれふれかわこう、ふれふれかわこう～。

今日も本館屋上では大団旗が翻り、手拍子とともにのびのある声が大空に谺していく。大正11年に部の誕生の記録が残り、昭和30年から今日まで続く伝統が、日々新たに生まれ変わりながら連綿と続く。

昨日当たり前にあったものを、明日も当たり前に引き継いでいこうとする意志。

その意志が、大団旗の下に集う若者たちを、今日も鍛える。

くすの木だけが、樹上から、その雄姿をみつめている。

ウォーターボーイズ

～鬱屈したエネルギーが生んだ新たな伝統

プールサイドをとにかくＪＫだらけにしたい

「今年のくすのき祭は俺たちにとって最初で最後なんだから、完全に弾けたいよな～。絶対に女子高生をプールサイドに集めて満員にしようぜ」

その発言はいつのことだったのか、誰が言い出したのか、いまとなってははっきりとしない。夏休みを前にしたある日、川越高校プール脇にある乱雑な水泳部の部室で、何かのときに3年生部員が集まっていた。その時に、当時「とん」と呼ばれていた生徒がそう言い出したのではないかと何人かが記憶している。その時は、誰がこう言い出しても不思議ではなかった。

時は１９８８年、今から思えば昭和最後の夏。この時すでに水泳部の3年生は、7月に行われた学徒総合体育大会県大会を最後に現役活動を終えていた。リレーメンバーに入っていた二人だけは、８月に行われる国体予選までは現役を続けることになっている。

水泳部のしきたりとして、3年生は学徒大会以降、夏休みは自由参加で下級生の指導を行うことになっていた。だがこの年は、例年とは少し違っていた。9月に開かれるくすのき祭に、水泳部として出し物を企画しようと3年生が盛り上がっていたのだ。実はとんくんたちの世代は、なんと3年生にして、川越高校のシンボルでもあるこのイベントに初参加だったのだ。その理由を、この世代の一人はこう語った。

「私たちの代の水泳部は、1、2年の秋の新人戦がちょうどくすのき祭に重なってしまって学校にいなかった。参加できなかったのです」

東京・大岡山にある東京工業大学、環境・社会理工学院教授の花岡伸也氏だ。川高卒業後、東北大学工学部に進学。同大学院で博士号を取得して07年東京工業大学准教授就任。18年から現職となった。高校生時代は身長172センチ体重は60キロを割っていたという。現在は多少丸みを帯びた印象だが、49歳という年齢を考えればスポーツマン体型を維持している。現役時代は自由形の選手で、川高記録も持つエースだった。当時の状況を、こう続けた。

「大会から戻ってくるとくすのき祭は終わっていて、ぼくらは女子高生が集まる後夜祭にも参加できませんでした。だからくすのき祭に参加できるのは引退した3年次の一度のみ。その口惜しい思いがあったので、最後のくすのき祭だけは水泳部のみんなで参加して思い出に残したい。思い切り楽しいことをやりたいという思いが強かったのです」

同期の部員13人には、その思いは共通していた。殊にとんくんは、その中でも最も燃えている一人だった。

朝霞二中時代から、とんくんは学内の「お祭り男」として有名だった。身長は160センチと小柄ながら、応援団長を務め、体育祭や文化祭等では常に「にぎわい」の中心にいた。

ところが川越高校に来てからは、成績はDランク(最下位から30%以内)。水泳部でも鳴かず飛ばずで、競泳選手としてはギリギリ県大会に出場するレベル。秋の文化祭のシーズンになると、くすのき祭に参加できない代わりに川越女子高、松山女子高、松山高校等他校の文化祭を廻って憂さを晴らす日々。それでいて後の浪人時代には、予備校の受け付けで「女子高生のいない男子クラスはありませんか?」と聞くほどシャイなのだが、女子高生にモテたい気持ちは人一倍だ。3年生になって水泳部を引退したら、絶対にくすのき祭で弾けたい。目立ちたい。女子高生にモテたい。そればかりを思って3年間過ごしてきたといっても過言ではない。

「ラグビー部やサッカー部のやつら、あったまくるよな」

水泳部の部室でとんくんは言った。

「あいつらこの時期試合がないからさ、くすのき祭では1年の時からずーっと女子高生とダンスしてんだぜ。俺たちなんでできねぇんだよ。今回こそは俺たち水泳部が絶対に目立ってやろうぜ」

そんなノリの会話の中で、誰かの口から「シンクロはどう？」というアイデアが出た。それまで歴代の先輩たちは、プールを離れて校舎内で催し物を企画していたが、自慢の泳力を発揮できるならその方がいいに決まっている。

「それだ！」。日頃から仲のいい同期のメンバーは、ほぼ瞬間的に全員が頷《うなづ》いたという。その日からくすのき祭が終わるまで、夏休み中も部活動を休む者はいなかった。受験勉強よりもシンクロに賭けたい。無言のうちに全員がそう思っていた。そこからが、長い物語の始まりとなる。

奇縁・伏線、男子シンクロ誕生の偶然

この時シンクロが真っ先に候補にあがったのには理由があった。

この年は、9月半ばからソウル五輪が開かれることになっていた。この頃、日本の競泳陣はどん底で、男女あわせても72年のミュンヘン五輪以降16年間もメダル獲得はなかった。ところ

がこの年は、二人のホープがいた。

一人は男子背泳の鈴木大地選手。そして競泳ではないが、同じプール種目として女子シンクロナイズドスイミングでソロとデュエットに出場する小谷実可子選手。この大会で金メダルを取ることになる鈴木選手も銅メダルに輝く小谷選手も、大会前から大人気だった。もちろん男子高校生としては、美人の小谷選手は憧れの存在だ。だからこそ、「小谷選手みたいなシンクロを男子がやったらぜったいに目立つ」というイメージに繋がったのだ。

さらにもう一つ、とんくんたちの2年上の先輩たちも、3年次のくすのき祭でシンクロをやったという記録が残っていた。とんくんたちは新人戦に出かけていて見ることはできなかったが、帰ってからその話を聞いて「へーっ」と思った記憶がある。男子のシンクロなど、国内外でどこを探しても見当たらなかった時代だった。

けれど先輩たちは、音楽は使わずにただ水中で踊っただけだった。くすのき祭の実行委員会へも「参加申請」せずに、非公式参加だった。翌年度の3年生はこれを継承せず、シンクロは1年限りで終わっている。だからとんくんたちも、2つ上の先輩のシンクロを「引き継ごう」という気持ちは皆無だった。いや正確に言えば、この年の3年生たちも、「シンクロを水泳部の出し物のメインに」とは考えていなかったようだ。とんくんが振り返る。

「シンクロの他にプールサイドで喫茶店を企画しました。むしろそちらがメインで、ジュースをのみながらシンクロを楽しんでもらおうという企画だったと記憶しています」

花岡氏の記憶によれば、日程的に新人戦が重ならなかったこの年、喫茶店は1、2年生を中心に運営された。さらに喫茶店の開店中は部員がずーっと泳いでいる。「ギネスに挑戦、山手線一周リレー」という耐久水泳も行った。3年生がシンクロの演技を行っているときも泳いでいたというから、企画としてはそちらがメインだったのかもしれない。

だが川越高校とシンクロは、実は奇縁に結ばれていた。プールがシンクロ向きの深さを備えていたという事実も見逃せない。その完成は埼玉国体を翌年に控えた１９６６年（昭和41年）のこと。最深部1・8メートル、最浅部でも1・2メートル、当時の高校のプールでは珍しく日本水泳連盟公認であり、アクロバチックな演技を可能にする深度があった。それがとんくんたちの代のシンクロ誕生の伏線にもなった。

この企画が決まってから、日頃から仲のよかった3年生を中心に、部員全員での準備が始まる。振り付けチーム、音響チーム、飲食チーム、予算管理チーム、等々。すぐに役割分担が決まり、国体予選後から手分けして作業が始まった。そのチームワークの良さも、この代の水泳部の特徴だったと誰もが胸を張る。

全員で決めたシンクロのタイトルは「水の踊り子」。以降30年以上もこの行事が続くことも、のちに「ウォーターボーイズ」というしゃれた名前がつくことも、この出し物があれほど恋い焦がれたくすのき祭のメイン行事になることも、まだ誰も知らない。知るはずもない。全ては「幸せな無名時代」の話だ――。

関東大会出場、そして「水の踊り子」

「私たちの代は、ずいぶん水泳部を改革しました。新任教員だった顧問の畠山俊先生のサポートを得ながら、それまで続いていた理不尽な練習は辞めたし、先輩後輩関係もすっきりさせました。練習は自分たちでメニューを決めた自主練習中心で、冬場は全員でスイミングクラブに通って早朝練習もやりました」

この世代のエースだった花岡氏はそう振り返る。とんくんの記憶はこうだ。

「ぼくらの代は泳力も凄かったんです。1年生の時から学校代表のリレーメンバーは花岡くんや上原秀一くんたちが中心だったし、スイミングクラブに通っている生徒もいたので、近代的なトレーニングメニューも知っていました。エースだった花岡くんたちは気合とか根性が大嫌い。先輩たちの続けてきた古い練習スタイルは、ことごとく変えていきました」

それまでは「まし」と呼ばれる練習があった。何本も泳ぎ続けるトレーニングで、決められたタイムを下回ると本数が増える「特訓」だ。花岡氏たちは2年生の途中から練習をリードするようになるとそれをやめた。夏の合宿では、先輩たちがやってきて後輩に花火を放つ「いじめ」もあった。ごくまれに先輩風を吹かして下級生をいじる先輩もいたが、それらを嫌った花岡氏たちは、自分たちはそれは止めようと誓い合った。とんくんが振り返る。

「先輩たちにとっては面白くなかったかもしれません。花岡くんたちは泳力だけでなく人間的な強さもあったしトレーニングの知識もあった。だから次々と水泳部を改革していったんです」

中学時代から関東大会にも出場していた花岡氏は、入学と同時に自由形のエースとなった。50メートル、１００メートル、４００メートル、１５００メートルでは、当時の川越高校記録も持っている。2年次の県大会新人戦では２００メートル自由形リレーで大会新記録で第二位。3年次にも私立の強豪高校に伍《ご》して闘い、2年連続で関東大会に出場した。

そのエネルギーとチームワークがシンクロに向けられ、そこから全く新しい「パフォーマンス」が生まれてきた。全ては3年間の集大成だったのだ。

午前中は受験勉強、午後はシンクロ練習

シンクロの練習が始まると、演出を担当することになったのは「お祭り男」のとんくんだった。こう振り返る。

「選曲のコンセプトは女子高生が来てくれること。喜んでくれること。絶対にプールサイドを満員にすると気合を込めました」

のちにプールサイドに集まる観客の多くは、生徒たちの母親世代の女性になっていくのだが、この頃の生徒たちの思いはあくまで「女子高生」、いまでいう「JK」だった。いつの時代でも男子高校生は、悲しいほどストレートに女子高生に恋い焦がれるものだ。

女子高生に受けたい一心でまず選んだのは、前年にデビューしたジャニーズ事務所の光GENJIの3枚目のシングル「パラダイス銀河」だった。メンバーはローラースケートを履いて疾走するが、水泳部員は水中をイルカのように泳ぎ回る。続いて前年に大ヒットしていた曲、マイケル・ジャクソンの「Bad」。世界を興奮させるムーン・ウォークに匹敵する、水中でのアクションが見物だ。そして3曲目は、前年にソロデビューした桑田佳祐の「悲しい気持ち」。さらに途中ではクラシックのピアノ曲も入る。全5曲をセレクトしたとんくんが言う。

「振り付けは教室内で音楽をかけながら、ぼくと末永悟志くん、内田康一くんの三人で黒板に絵を描きながら考えました。とにかく面白くしないといけない。水の中では小さな動きはわからないから大きなアクションにしないといけない。構成もいきなり水の中から始めるのではなくて、プールサイドでアクションしてから水に飛び込むとか。いろいろ工夫が必要でした」

音響担当は、吉岡敬祐くんだった。家で電子音楽を加工し、編曲も全て独力で行った。物静かな少年だったが、要所要所で電子音を入れて演出を際立たせてくれた。最後のゴーグルをとって投げあげるシーンも、音楽のお蔭でかっこよく決まったとどんくんは振り返る。普通のスピーカーに防水カバーをつけて水中に沈めたのも、吉岡くんのアイデアだった。

ステージ冒頭の登場は、ドリフターズの「ヒゲダンス」にした。誰もが知っているコミカルな動きで笑いをとって、そこからプールにドボーンと飛び込んで演技が始まる。

選曲と演出が決まり、実際に水中での練習が始まってから本番までは約1カ月。他にもたくさんの役割があることを考えれば、けっして十分な時間ではない。しかも1、2年生は秋の新人戦を目指して練習は佳境だ。プールを独占するわけにはいかない。花岡氏が振り返る。

「夏休みの午前中は1、2年生が競泳の練習をしていました。3年生はその間勉強していて、午後からシンクロの練習を始めました。13時から18時ころまででしたね。1、2年生でもシンクロを手伝ってくれた後輩たちは、一日中プールに入っていました」

演出担当のとんくんは、当時はまだ珍しかったビデオカメラをどこからか調達した。

「本番の一週間前ころだったたか、実際にはどう見えているのか、隣接する理科棟の上の階から後輩にビデオを撮ってもらいました。ぼくも泳いでいるんですが、ちょいちょい振り返って全員のラインが揃っているか確認しました。とにかく手足の動きを揃えること。泳ぐラインを一直線にすること。そういうことに気をつけていました」

やがて迎えた本番の日――。そこには「見たことのない光景」が現れた。

大観衆を前に「震えた、ぶっとんだ、燃え上がった」

「先輩、お客さんがすげー集まって、みんな演技が始まるのを待ってます。もういきますか？音楽かけますか？」

88年9月10日、土曜日。くすのき祭初日。シンクロの開演時間が迫ったプールサイドには、すでに溢れるような観客が詰めかけていた。翌日曜日にはさらに増えることになるのだが、日頃部員だけしかいない閑散としたプールサイドを見慣れている下級生にとっては、「驚きと興奮」の風景だった。

準備の段階では「誰もこなかったらどうしよう」と軽口を叩《たた》きながら心配していたとんくんたちも、控室となったテントの中で、ざわつく群衆の声を聞きながら震えていた。

「時間です」。後輩が叫ぶ。「よっしゃいくぞ〜〜」。

震えを振り捨てるように、とんくんたちは言葉にならない言葉を叫びながらテントをめくってプールサイドに飛び出した。大観衆が目に入ったとたん、「震えた、ぶっとんだ、ぶっちぎった、燃え上がった」――。まさにそこには、ありえない光景が出現していた。

50メートル×20メートルのプールサイドには、四方八方、二重三重の人垣ができている。プールを見下ろす5階建ての理科棟の廊下の窓にも、びっしりと人が張り付いていた。いったいそこに何人いるのか。いくつの瞳で見つめられているのか。わからないがとにかく自分たちを見つめる熱い視線だけは痛いほど感じる。パフォーマンスを始めながら、とんくんは思った。

――これが俺の舞台だ、ステージだ。俺が中心なんだから俺が主役だ！

約15分のパフォーマンスは、何がなんだかわからないまま、あっと言う間に終了した。その後長年かけて進化した「ウォーターボーイズ」と比べれば、極々シンプルな演技だった。登場のときに衣装は着ていない、ボディペインティングもない、人が飛ぶようなアクロバットもない、途中でプールサイドにあがってダンスすることもない、水中で作る組体操のピラミッドも現在より一段低い3段だ。けれど観客には受けに受けた。ただ18歳の男子の肉体が躍動するだけで大受けだった。お客さんが喜んでくれている。大きな拍手をくれている。とんくんたちにはそれが無性に嬉しかった。

2日目の日曜日は、2回ステージの予定だったが、開始前に後輩が飛び込んできた。

「どうしてもプールサイドに入れないお客さんがいます」

「よし、アンコールだ!」誰もが叫んで、3ステージ目が追加された。

プールサイドには、「水の踊り子」と書かれた約30メートルもの看板がかかっている。準備の段階で、とんくんが印刷室から紙を一箱もらってきてベニヤ板に貼り付けて書いたものだ。部室の前には、喫茶店のパラソルも張られていた。軸となる柱の足元の材料は、市内の企業からもらってきた。その他にもこの日の細部にはそれぞれ細々とした工夫や苦心が詰まっていた。けれどこの大観衆の前では、全てが「些事《さじ》」だった。

観客の熱視線と部員たちのパフォーマンスと。この二つが織りなす「熱気」が、上昇気流となって上空に駆け上がる。

——川越高校くすのき祭に男子シンクロあり！

その狼煙《のろし》はのちに部活動の範囲を越え、学校を越え、地域を越え、ジャンルを越え、高校文化祭の常識を越え、映画界のしきたりをも越えて、思ってもいなかった大きな広がりを見せることになる。それもこれも、全てはこの日が原点だったのだ。

スクリーンに映った「何か鬱屈したエネルギー」

花岡氏やとんくんたちが始めたくすのき祭での男子シンクロは、「見たこともない光景を見た」水泳部の後輩たちに引き継がれ、翌年以降、1年も欠かさずに演じられることになる。89年「真黒ボーイズ」、90年「おしんくろ」、91年「セクシーダイナマイトスイマーズ」、92年「幻影的泳舞隊」、93年「マーメイドのこんがりトースト93」、94年「純泳吟舞」。毎年タイトルを変え、内容もアクロバチックな演技やプールサイドでのダンスを取り入れショーアップしていった。

99年には、テレビ朝日の「ニュースステーション」が取材にきた。当時の3年生が局に売り込んだのだ。

「どうしてシンクロを始めたんですか？」

初代シンクロの代表としてインタビューを受けた花岡氏は、のちに何度となくメディアに聞かれることになる質問を受けた。

「ただ最後の文化祭を楽しみたかったのと、女子高生にモテたかったからです」

聞かれるたびに正直にそう答える。

ニュースステーションの放送後、ほどなくしてとある映画会社から花岡氏に「会いたい」と連絡がきた。実は川高水泳部のシンクロ情報は、この放送だけでなく、卒業以降も同期の大林雄次くんが毎年くすのき祭に出かけて撮影し、使った曲名や演技の画像をウェブサイトにあげていた。映画会社はそのサイトも見ていたようだった。指定された新橋の中華料理屋で、プロデューサーはやはり最初にこう質問してきた。

「なんでシンクロを始めたんですか？」

そこからインタビューは延々3時間にも及んだ。

「このストーリーはつかえるねぇ。この役は竹中直人さんでいけるかな？」

プロデューサーはスタッフとそんな言葉を交わしながら、「男子校でシンクロ」「女子高生にモテたい一心」という物語を組み立てていたようだった。

企画が決まり撮影が始まると、当時の水泳部3年生が俳優たちに水中での泳法の指導を行った。水中で整列して泳ぐシーンや立ち泳ぎのシーンにはかなりの泳力が必要だ。俳優はスイマーではないから、すぐに求められるシーンが撮れるとは限らない。撮影の1カ月以上前からシンクロの練習が必要だということで、丸々2カ月間スケジュールが空いている若手俳優のみが集められた。作品は、撮影で偶然うまくいったシーンを繋ぎ合わせて作られている。

２００1年9月、完成した映画には『ウォーターボーイズ』というタイトルがついていた。プロデューサーの造語だが、のちに「シンクロに挑む男子」を指すようになる。当初は少数の映画館のみの上映だったが、全国各地での地道なキャンペーンと作品自体の力が相まって、最終的には上映劇場１００館、上映期間6カ月超、興行収入9億２０００万円の大ヒットを記録した。矢口史靖監督は、

「若手俳優たち自身も何か鬱屈《うっくつ》したエネルギーが溜まっていたので、それがスクリーンにそのまま映ってお客さんに伝わったのでしょう」

と語っている。とんくんたちが抱く女子高生への鬱屈した思いが俳優にも伝わり、スクリーンを通して観客にも伝播したのだ。主演した妻夫木聡、玉木宏、金子貴俊らは、事実上この作品でブレイクし、のちに大スターに育った。

この年のくすのき祭は、映画化の話題もあって前年を1000人以上上回る2日間で1万7000人余りの入場者数新記録を達成。プールサイドにはその半数以上の観客が詰めかけた。取材で集まった各種メディアの中にはイギリスBBC放送もあったし、くすのき祭の会場から生中継した番組もあった。翌2002年には、約半年かけた映画の全国的なヒットの影響もあり、入場者数は3万人を突破。いまも破られない記録となっている。

ウォーターボーイズは、すっかりくすのき祭の名物企画となった。いまや川越高校の代名詞と言ってもいい。高校生たちが教師や学校の手を借りずにゼロからアイデアを出し、一代も途切れずに代々磨き上げ、外部のメディアも巻き込んで大ブームを巻き起こす。奇跡のような物語がいまに続いている。

そして映画化以降18年、初代から数えると第32代目となる現在のウォーターボーイズたちの状況は——。

毎年話し合う「シンクロはやるのか、やらないのか」

「例年9月のくすのき祭で3年生は引退して、新3年生を幹部とする活動が始まります」

3学期の期末試験も終わり、まだ水がはられていないプール前の部室で、間もなく新3年生となる3人の部員が集まってくれた。まず語ったのは落合慧斗くんだった。

「くすのき祭1カ月後の10月ころからシンクロの台本づくりと役割分担も行いますが、その前に必ず3年生が集まって『次のくすのき祭でシンクロをやるかやらないか』を話し合います」

長年の伝統なのだから、シンクロを行うのは恒例だと思っていたが、そうではないらしい。アクロバチックな演技には怪我の心配もあるし、夏休みの練習では受験勉強を犠牲にしなければならない。顧問の教師も交えて、3年生全員で意志を確認して「心を一つにする」ところから準備をスタートするという。それだけではない。懸念していることは他にもある。長谷川広海くんがこう続ける。

「1、2年生には、いまの段階では今年のくすのき祭でシンクロをやるかどうかは伝えていません。うちは競泳部なので、競泳をがんばることが大前提です。シンクロをやるというと、競泳の練習がふわふわしちゃうから、ぎりぎりまで伏せています。新入生歓迎会で水泳部に勧誘するときも、シンクロ目的で入部するのは止めてくださいと釘を刺しています」

実は2000年に映画の製作が発表された段階で、とあるスポーツ新聞が大誤報を流したことがある。「国内で唯一男子シンクロ部が活動する埼玉・川越高校がモデル」と書かれたのだ。競泳をメインにしている部員たちにはショックだった。それまでも取材を受ければ水泳部の活動であることを強調していたのだが、同部ではこの出来事を「痛い教訓」として、それまで以上に競泳をアピールしている。現在ではシンクロだけを目当ての入部者は皆無になった。

では競泳の成績はどうなのだろう。大平敬之くんが言う。

「正直いってあんまり強くはないんです。9月の新人戦の200メートルリレーでは公立高校ではトップでしたが、私立高校を入れると県で6位。私立の春日部共栄、花咲徳栄、武南、埼玉栄といった高校がダントツで強いです。トップ選手は学校の部活だけでなく、スイミングクラブでも泳いでいます。うちの部では校外のクラブに所属しているのは一人だけです」

運動面でも私立高校の台頭は著しい。幼少期からクラブで英才教育を受ける生徒もいるから、そのレベルは年々あがっている。その中で川高水泳部は、公立高校の部活動として精一杯健闘している。

実は落合くんたちの代では、シンクロをやるかやらないかを決める際に、もう一つの懸念もあった。

「ぼくらの現役の年を最後に大学受験制度が変わります。浪人するとセンター試験ではなくなるのです。できるなら現役で受かりたい。そのこともあって、今年のシンクロをやるかやらないかを話し合いました」

すると――、全員一致で「やろう」ということになった。「3年でシンクロをやるのは高校生活の総まとめだ。やらない手はない」というのが3年生の総意だったという。長谷川くんが言う。

「やはり30年の歴史は重いです。重いけれど誇れるものでもある。途切らせるわけにはいかないと思います」

大平くんには別の思いもある。

「5歳上のお兄ちゃんがやはり川高水泳部でシンクロをやっていて、小学校のころから見ていて憧れました。競泳もがんばる前提で、シンクロもやりたいから川高を選びました」

最後に落合くんはこう言った。

「伝統を潰さないことは意識しています。潰すのは簡単ですが、守り抜くことが大切だろうと思います。しかも文化祭は楽しむものだけれど、おちゃらけでやるのではない。お客さまにはいいものを見せないといけないと思います。例年シンクロを見に８０００人から1万人も来てくれるのですから。川高の文化祭は特殊です。内輪で楽しむものではなくお客さまに楽しんでいただくことを前提にしている。期待を裏切るわけにはいきません」

やがて落合くんたちの最後の夏がくる。県大会も勉強も受験もぎりぎりのところで踏ん張りながら、第32代目の「ウォーターボーイズ」が弾ける。多くの観客に、目当ての女子高生たちに、その一途な思いが伝わるか——。全ては日々の鍛練にかかっている。

どんな仲間に会うか、どう汗をかくか、どう涙を流すか

ところで——、とんくんである。

１９７０年生まれの「初代」たちは、２０１９年で49歳になった。

中でもとんくんは同期13人の中で、いや歴代の水泳部の部員たちの中で、唯一現在もプールを舞台として活躍を続けている。

ついたニックネームは「リアルウォーターボーイズ」。名刺には「アウトドアスポーツイン

ストラクター、内村とん」。本名は「亮」だが、34歳の時に大手スポーツクラブを辞めてフリーになって以降、「とん」という幼少期からのあだ名を使うことにした。それまでは川高水泳部出身でウォーターボーイズの元祖であることは伏せていたが、あるとき友人に喋ったことで「それってリアルウォーターボーイズじゃないですか」と言われ、以降その言葉を使っている。

川高を卒業後、1年浪人して北海道大学水産学部に入学。卒業後は漁場の研究者になる仲間が多い中で、希望したマスコミに入れず、ならば人を楽しませようと水泳インストラクターの道を選んだ。フリーになったいまは、「泳げない人でも最短2時間で25メートルスイマーに導く専門家」。普段は主に都内のプールで一般人を指導するが、テレビの企画では芸能人を指導したりもする。「運動音痴の人、泳げない人を泳げるようにして、人生を取り戻してもらうことが仕事です」と屈託がない。

川高時代のシンクロは、どのように記憶されているのだろう。

「最後のくすのき祭のシンクロは、ぼくはちびで軽くて調子のいいやつでしたから、常にセンターに位置していました。言ってみればＡＫＢの指原です。ぼくの舞台でしたよ。日曜日の最後の回では涙が出てきてしょうがなかった。あんまりに感動して。なんていい高校なのか。なんていい文化祭だったのか。みんなにわからないように、水しぶきと共に涙を流していました」

演技の最後に、メンバー全員がゴーグルを外して空に投げあげるシーンがある。プールサイドにあがり、「ありがとうございました〜」と挨拶する中、桑田佳祐の曲が流れていく。

「あの時はたまらなかった。自分に酔ってました。間違いなく高校時代のピークがあの瞬間にありました」

その余韻が余りにも強烈だったからだろうか。現在の内村家では泳いでいるのはとんくんだけではない。中学3年の娘は小学校5年の時から5年連続でジュニア五輪のシンクロの選手。小学校5年の息子もジュニア五輪に出場し、200メートル自由形の選手だ。妻も水泳の指導者で、かつては200、400、800メートルの自由形のインターハイ選手だった。「家中がスイマーだらけで、選手としてはぼくだけ凹んでます」と、とんくんはここでも朗らかな笑顔を見せる。子どもたちに対しては、リアルウォーターボーイズの記憶をこう語るという。

「ぼくは30年前の1988年のくすのき祭のことを五感で鮮明に覚えているからこうして話せるんだと思います。高校3年間は、何に価値を見出すか。それが大切です。どんな思い出を持つか。どんな空気を吸うか。どんな仲間に会うか。どう汗をかくか。どう涙を流すか。どう心を許すか。子どもに対しても、将来美味しい酒を飲むためには友だちがいることが財産だと伝えます。豊かに生きて行くために——」

6

自主自立の力

根岸秋男氏（明治安田生命保険社長）

〜徹底した観察とゆるぎない使命感の実践で巨大組織を導く

Profile

根岸秋男（ねぎし・あきお）

1958年生まれ。埼玉県出身。川越高等学校77年卒。1981年に早稲田大学理工学部を卒業し、同4月に明治生命保険（当時）入社。87年にアクチュアリー試験にスピード合格し「数学で社会の役に立ちたい」という学生時代からの思いを実現させた。04年に明治安田生命滋賀支社長。05年4月に企画部長、09年7月に執行役営業企画部長、12年4月に常務執行役などを歴任。「世のため人のため」をモットーに、顧客のアフターフォローの強化や新商品の開発、営業職員の給与制度の改革などに尽力した。13年7月、54歳のときに代表執行役社長に就任。

得意の数学を活かしてアクチュアリーに

明治安田生命保険本社ビルの目の前には、平成から令和へと時代が代わり、新天皇誕生の舞台となった皇居が広がっている。本社ビルに隣接する「明治生命館」は、重要文化財にも指定されている。

２００４年に明治生命と安田生命が合併して誕生した明治安田生命は成長を続け、２０１８年度には、総資産約42・１兆円、保険料等収入約３・１兆円、保険金等支払金約２・４兆円、従業員約４・８万人、お客さま数・個人保険加入者７０３万人、団体保険加入者４９７万人の巨大企業となった。

その頂点に立つのが根岸秋男氏（１９７７年卒）だ。

１９８１年に入社。その後６年間で得意の数学を生かして「アクチュアリー＝保険数理士」の資格を取得し、スペシャリストとしてのスタートをきった。

そのアクチュアリー生活の中で、氏は会社を客観的に観察する視野を獲得した。本稿でも語るように、川越高校時代から培った「社会の役に立ちたい」「人の役に立ちたい」という使命感から営業部門に転身し、次々と会社に改革を提案。「お客さまへのアフターフォローの強化」

をテーマに掲げ、新商品を開発したり営業職員の給与制度にメスを入れたり、次々と改革を行なった。

もちろん巨大な組織で周囲の評価を得られたのは、氏の誠実な人柄と情熱的なアクション、客観的な論理形成、そしてあくまでも「世のため人のため、会社のため」という滅私の精神が評価されたことはいうまでもない。

2013年7月、54歳で社長に登り詰め、以降7年間トップの座に就いている。

川越高校のOBで実業界で活躍した人物として代表的な例は、大正末期に三菱商事に入社し第二次世界大戦後に解散を命じられた同社の再統合に尽力し、1966年取締役社長となった藤野忠次郎氏（中学17回、1901年～1985年）。1945年に川崎汽船に入社し、72年、カリフォルニア州ロングビーチ港にコンテナ・ターミナル（ITS）をつくり、社長として米国有数のターミナルに仕上げた浅見紳太氏（中学40回、1925年～2019年1月31日）らがいる。

現役の実業家としての根岸氏は、川越高校OBとしては最も巨大な組織を率いるリーダーの一人といっていいだろう。

氏の中で高校時代の3年間はどんな記憶とともに息づいているのか。話題は還暦を迎えて行われた同窓会のことからスタートした。

自由奔放には責任が伴う、その雰囲気が好き

「2018年に還暦を迎える前後、川高の2回目の全クラス同窓会がありました。会場ではみんな学生時代にタイムスリップして、昔を懐かしみながら若返りましょうという感じで楽しめました。高校時代は人格形成期で多感でしたから、あのころを思い出すと童心に返る気がします。会ではいまも各界でがんばっている友人や、引退した友人、大病を克服した友人等さまざまな人に会えて、刺激をもらいましたね。

私は現役の時に京都大学の受験に失敗したのですが、その受験の時に一緒に京都にいった友人と再会しました。旅館で一週間一緒にいた仲間です。彼は合格して京大に入学。私はその後早稲田に進んだのですが、その後彼は京都でどうしていたんだろう。卒業後どこに就職したんだろう。いままで一度も会わずにいたので、いろいろと興味が湧きました。

彼は番場孝くんというのですが、聞けば勤めていた製薬会社をすでに早期退職して、いまは

趣味と特技を生かした翻訳の仕事を自宅でやっているそうです。優雅な生活のようでした。その姿はまったく川高生らしい。個が確立していて自主自立の精神に貫かれている。旧友の姿をみて、改めて母校の特色を思い出しました」

根岸氏の出身は坂戸市。当時は人口2万6000人あまりの坂戸町であり、そこから自転車で川を二つ越えて約30分かけて川高まで通ったという。その少年の視線に映っていたのは、どんな高校生像だったのだろうか。

「入学して最初にびっくりしたのは、先輩たちが私服で登校していることでした。制服がない。校風だけでなく服装も自由だった。坂戸の田舎出の自分にとって、それがまず驚きだったんです。入学前には服装は自由でいいことを知らなかったんですね。

だから学校に行くと、都会に来たという感じでした。そもそも我が家は農家でしたから、土曜日や日曜日があるサラリーマンに憧れていたんです。生活にリズムがあっておしゃれな気がする。所沢や朝霞のほうから来ている生徒はみなサラリーマン家庭の子どものような気がして、世界が違うなと思っていました。新鮮だったんですね。

私の父は農業の傍ら、町会議員と市会議員を5期務めて議長もやりました。地元の代表として担がれて議員になったのです。人から頼まれると嫌とは言えない性格で、お金もないのに世のため人のために一生懸命に尽くすという生真面目な人でした。人から頼られると嬉しいし裏切れない。私も世のため人のため会社のために一生懸命尽くそうと思っていますが、そういう生き方は父から教えてもらったと思っています。

私は性格的に型に嵌《は》められるのが駄目なタイプだったのですが、両親の教育方針も自由奔放だったし、川越高校も自主自立が徹底していたので、好きなことをやりなさいという校風がとてもよかったと思います。先生からあれこれ言われない。何でも自分で考えて行動していい。時にはほったらかしとさえ思うほど、自由闊達《かったつ》に何にでもチャレンジしていい。その代わり責任も自分でしっかりと取るという雰囲気がとても好きでした。

中学と違うなと思ったのは、川高には悪い人がいなかったことです。各中学校のトップクラスが勉強して集まってくるから、基本的にみんな真面目です。多感な時期だから悪ふざけはありましたが、先生方も信頼してくれてのびのびやらせてくれた。私たちの何年か先輩たちが服装の自由化を獲得したり、生徒憲章をつくったりされたと聞きますが、その自由の伝統が息づいていていました」

予習の癖は今でも

「勉強については、高校入学当初は塾のことも通信教育のことも情報がなかったので、2年までは坂戸の本屋で参考書をあさって自宅でひたすら自習していました。そのうちに友人がZ会や代々木ゼミナールなどの情報を教えてくれて、通信教育をはじめました。3年の時に初めて駿大予備校に通ったかな。春と夏の講習に通ったんです。そこから少し勉強モードが変わったと思います。

教科としては、中学時代から数学が一番好きでした。春に教科書をもらうと、だいたい半年くらいで自分で予習してしまうのです。その後、参考書の問題を解いて、学校で学ぶときはすでに復習です。先生に質問するというよりも家で自分で勉強するタイプでした。

この癖は会社員になってからも変わりません。週末には厚さ数十センチになる資料を自宅に持ち帰って、家で読み込みます。会議や打合せにおいては、資料を事前に提出させて、家で読み込んで理解して会議に臨む。事前に自分で資料やデータを消化していないと気が済まないんです。だから会議で初めてデータをみて判断するということはありません。前もってわかっていないと相手に失礼だろうと思います。

そういう勉強のスタイルもあって、高校時代は数学の成績はよかったです。毎年成績はあがっていって、数学はトップクラスだったと思います。思い出としてはベストテンには入っていたのかな。

大学時代は、入学時は真ん中くらいの成績でした。好きな数学は頑張ったのですが、3年4年と進むうちに正直いって挫折《ざせつ》しました。大学の教授になるのは無理だと思った。なぜなら大学で学ぶ数学は宇宙レベルで、自分が太陽系だとすると、銀河系にはたどり着けないとわかったからです。だから大学院には進まずに、民間で数学を生かせる仕事がいいなと思っていました。サラリーマンに憧れていたから、会社員として好きな数学で家族を養える仕事をいろいろ探したのです」。

「目標があると燃える」難関アクチュアリーの受験

「4年生になって就職活動の準備をしてみると、意外と先輩には生命保険業界の人が多いことに気づきました。なぜだろうと調べてみたら、アクチュアリーという資格があることがわかった。理工学部の先輩たちはみな、その専門職として入社していたのです。それで私も生保業界に入ってその資格試験を受けることにしました。

アクチュアリーの資格は、公益社団法人日本アクチュアリー会が管轄しています。アクチュアリーの仕事は、保険料率を決めたり、負債の評価をしたりします。会社としての経営計画のベースとなるシミュレーションをつくることもします。国が認める認定資格で権威があり、合格者もあまり多くだしません。社内には約60人のアクチュアリーがいましたが、平均すると合格まで10年近くかかっていました。

当時は受験のための教科書も予備校もありませんでした。いまはそういうものも整備されていますが、独力でチャレンジするしかなかった。昼間は配属された部署で普通に仕事をして、受験勉強は夜にします。社命ですし、資格をとらなければ責任のある仕事のチャンスももらえないので、なんとしても早く合格したかったです。私は目標があると燃える。明確な目標があったほうがいいタイプなので必死に勉強しました。当時は6教科あって、1年で3教科受験することができたので、最短でも2年かかります。しかも1教科の合格率はわずか15%。大学で数学を専門にやってきた人が15%しか受からないのですから、かなり厳しい試験です。

幸いにして私は入社1年目から受けて5教科は一発で合格しました。ところが最後の論文がなかなか受からない。仕方なく最後は先輩にお願いして添削してもらいました。国語が苦手だったので、思っていることをうまく表現できなかったのです。結局合格したのは入社6年目の87年2月のことでした」

「営業を知らないやつが」という圧力で営業を志願

資格取得後のアクチュアリー生活の中で、「収益の改善」「契約継続率の向上」「コスト削減」「量から質優先の営業への転換」等、思った改革案を会社に直言していく。ところが周囲からは、「営業を知らないやつが何を言うか」という圧力がかかった。そこで氏は志願して、上尾西営業所長に就く。アクチュアリー出身者としては初めての営業所長の誕生だった（参考「使命感が人を動かす」大塚英樹）。

「現場に出てみると、男子校とは真逆の世界でした。当時30代だった私にしてみたら、営業所にいるのはお母さんみたいな女性ばかりなんです（笑）。その世界に入っていって、ずいぶんマネジメントの勉強になりました。

本社時代に考えていたのは、会社のために役に立ちたい、世の中の役に立ちたいという一心でした。真っ直ぐなほうだから上司にすぐに意見を言うのですが、会社をよくしようと思ったら権限がないと駄目だとわかった。だから途中から営業の世界に飛び込んだのです。一生懸命にやっていると会社も評価してくれて、そういうポジションにつけてくれた。そこから会社員としての醍醐味を味わうことになりました。

高度成長期は、生保会社はクオリティが低かったのです。業績至上主義で営業職員のなかにも途中で挫折してやめていく人も少なくありませんでした。私はそれは違うだろうと思った。人を犠牲にしてよくなる会社なんて絶対にいけません。人があっての会社であり、従業員を幸せにするのが会社なんですから。そういう正論を周囲に聞いてもらうためには、論拠をはっきりすることが大切だと学びました。そこは数学が生きている。論拠は大切です。もちろん理屈だけではうまくいきませんが、「理屈4情6」という割合で意見を出し続けました。

もちろん会社というのはお客さまが全ての評価者です。だから所長時代は、営業の人と一緒に必ずお客さまのところに伺うようにしました。専門職で入社したために現場に出るのは遅かったのですが、無我夢中でお客さまと対応していると、相手の表情や本音がみえるようになる。常に一生懸命にやっていましたから、先輩や部下が助言をくれる。受け入れてくれる。周囲の応援もいただけるようになって、成果を出せるようになりました。

所長時代も経営者となった今も変わらないのは、これからも100年続く会社でありたいということです。生命保険会社はお客さまと30年、40年の契約を結ぶわけですから、たとえ経営が苦しくなっても、保険金・給付金が支払えなくなっては駄目です。お客さまのいざという時に、約款に基づいて保険金・給付金が支払えるという安心感が我々の提供する価値なんです。だから我が社がステディに成長することをお客さまは期待している。その期待を理解した上で、目先の経営ではなく、会社としての「成長軌道」を構築していく。軌道には右肩上がり・右肩下がり、変動が大きい・小さい、といろいろありますが、お客さまは階段を上るような着実な軌道をもとめている。それを目指して、私たちもぶれてはいけないと思っています」

Jリーグを通して地域愛を応援する

明治安田生命は「100年構想」を掲げるサッカーのJリーグとタイトルパートナー契約を結んでいる。さらにJ1からJ3・JFLまで、全国の支社等が個別にスポンサー契約を結び、お客さまを試合にたくさんご案内したり小学生対象のサッカー教室を開いたりもする。

根岸氏は「感動を生み出す生命保険会社」を目指すと発言するが、その視野には「地域」というものがある。

「Ｊリーグのスポンサーをやりませんかという話が来たときに、最初はスポンサー料が高いから躊躇《ちゅうちょ》したんです。でも我が社も全国47都道府県全てに支社があり、約４万３千人の従業員がそれぞれの部署でがんばっています。Ｊリーグも全国にチームがあり、Ｊ１からＪ３にわかれてしのぎを削っている。特定の地域ではなくて全ての地域を応援したいという思いから、Ｊリーグと手を組めたことはよかった。全国各地で豊かなスポーツ文化を醸成するという目標がいいんです。契約は４年ごとですが、昨年12月で更新して、今後も長く続けていきたいと思っています。

地域愛に関しては、私にとって高校時代の郷土部での活動の影響もあるかもしれません。発掘活動もやったりして、地域愛というものを感じました。川越は大好きですね。いまでは小江戸川越と言われて観光客も年間７００万人ですか？　すごいですね。びっくりしています。

学生時代は30分もかけて自転車で川越まで通っていましたので、城跡や櫓《やぐら》の跡の記憶も懐かしいです。放課後は、みどり屋さんだったかな。太いやきそばをよく食べました。美味しかったなぁ。

いまはＪリーグを介して全国のみなさんの地域愛も応援しています。日本各地は過疎化、人口減と言われて久しいですが、市町村単位でみると頑張って活力をだしているところも少なくありません。たとえば長野県の松本市では、『山雅』というチームが頑張って大人気で、町中がチームカラーのグリーンに染まっています。みんなでサッカー熱を盛り上げて、松本をよくしようと気持ちを盛り上げている。そういうふうに、必ず知恵は出てきます。そういうところを応援したい。全国各地域への貢献を、今後もさらに高めていきたいと思っています。

もう一つ、今年からは47都道府県の国民の健康度をあげる取り組みもはじめています。営業職員が契約者の健康増進を支援して、健康診断結果に応じて保険料の一部をキャッシュバックする仕組みです。その際に、お客さま一人ひとりにカスタマイズした未来予想図等の有益情報も「健活レポート」としてご提供します。私たちの取組みは、お互いに助け合って一人の健康をみんなでいっしょに応援していこうというポリシーです。Ｊリーグとジョイントしてウォーキング大会も開きます。一緒に歩いて、がんばったら褒めてあげる。そういう循環になったらいいなと思っています」

身の丈に合った背伸びが、新しい世界に導いていく

インタビューの最後に、入社してくる若者に対する意見をこう語った。

「世代によってそれぞれ特徴はありますが、最近の若者は受け身の人が多すぎると思っています。いまの社会は環境的にも素晴らしいし情報も簡単に手に入る。だから我慢することができないし、ほしいものを自分からがつがつ取りにいくこともしない。受け身の人が多いなという印象です。自分自身を成長させたいと思うのであれば、常に能動的で前向きな姿勢でないといけません。たとえその結果失敗しても、前向きの失敗は価値がありますが、受け身の失敗は価値にもなりません。若い人には『身の丈にあった背伸び』をしてもらいたいなぁ。背伸びをして一歩階段をのぼると違った風景がみえてくる。また次の背伸び、次の背伸びと繰り返すと新しい世界に出会える。そういう人生であってほしいと思います。動けば明日が見えてくる！

高校時代に学んだ自主自立、「自分で考えて行動して責任も自分でとる」という姿勢で生きていたらその人は伸びます。成功体験しかしてこなかった人は追い込まれたときに弱いけれど、失敗を経験した人は耐久力がある。

川越高校も最近では少し受験校のイメージは落ちているようですが、主体的に考えてのびの

びと行動するという校風は素晴らしい。人を伸ばす高校だと思います。型に嵌めないで3年間受験勉強だけでなく好きなことを精一杯やる。そうすると将来が全然違ってきます。川越高校にはそういう魅力があって、のびしろのある若者が育つ。受験だけが高校生のゴールではないのだから、3年間を精一杯生きてほしいと思います」

自由への闘争
～自主自立という責任を果たす

半世紀を貫く「自由」の校風

「一年生のみなさん。入学おめでとうございます。まだ二日目ということで、慣れないことも多くあるかと思います。ところでみなさんは、なぜ川越高校に入ろうと思ったのでしょうか？」

２０１９年４月。入学式直後に行われた在校生による新入生歓迎の対面式でのこと。挨拶に立った新2年生の生徒会副会長増田樹飛くん（その後２０１９年度生徒会長）がマイクの前で挨拶を始めた。言葉はこう続く。

「『偏差値が高いから』『男子校だから』『自由な校風に憧れて』。いろいろな理由があると思います。ここでは『自由』について少し話をしたいと思います。本校では自由という言葉をとても重視し、よく聞いたことがあるかと思います」

増田くんはここから、川越高校においてしばしば語られる「自由な校風」について語りだした。この時16歳、在学歴1年の少年の口から「川越高校における自由」という重いテーマが語られたことは、この日生徒と共にいた教師たちにとってもある種の驚きだったようだ。一人の教師がフェイスブックで増田くんの挨拶を綴ったことで、私はその日の出来事を知ることになった。

増田くんは何を根拠に「川越高校の自由」を語ったのだろうか。本書でも、前項の根岸氏のようにインタビューしたOBや現役生の口から折りに触れて「自由な校風」という言葉が語られた。あるいは川越高校新聞を繙いても、しばしば「川高生の精神は自主自立」という表記が見られる。自由と自主自立は、ほぼ同義語として使われていると見ていい。

なぜ多くの人から同じ表現が出てくるのだろうか？

それぞれに理由はあるはずだが、その大本をただせば約半世紀前、1969年に約1年間かけて制定され、70年4月1日から実施された「生徒憲章」に明記された「3つの自由」に依拠していると言っていいはずだ。そこにはこうある。

第一条、あらゆる自主的民主的活動（集会への参加、その開催、サークルの結成、その他）の自由を保証する。

第二条、掲示、印刷物の発行、配布等のあらゆる表現の自由を保障する。

第三条、服装については個人の自由意志に任せる。

さらに注目されるのは「前文」だ。全校生徒に配布される「生徒手帳」の冒頭に掲載された

「生徒憲章」の前文には、誇らしげにこう書かれている。
「自主的民主的活動の制限は私たちの目指すものと背反するものであると考え、私たちは今後あらゆる表現の自由と、自主的民主的活動（政治的活動を含む）の自由を保障し、それらを健全で有意義なものに高めてゆこうとする努力を通して、私たち自身の人間形成をはかってゆくことに意見の一致をみた」

自主的民主的活動の自由に「政治活動を含む」と添えられている点と、その語尾に、「意見の一致をみた」と記されている点に注目してほしい。

この憲章が制定された69年当時、後述するように大学だけでなく全国の多くの高校でも政治闘争が繰り広げられ、高校生の政治活動は是か非かという議論が巻き起こっていた。校舎校庭のバリケード封鎖や火炎瓶が飛び交う激しいデモが各地で展開され、ヘルメットに覆面姿の自校生ではない活動家が各高校で跋扈《ばっこ》する時代だった。10月31日に文部省から全国の都道府県に出された通達にも「高校生の政治活動禁止」とある。

その騒動の中で生まれた生徒憲章に、堂々と「政治活動の自由」が表記されたケースは全国的に見てもそれほど多くない。さらにそれが「意見の一致」によって記されたこと。誰と誰の一致かと問えば、それは「生徒総意」であると同時に「生徒と教師の一致」でもある。

この時代には生徒と教師の関係も大きく揺らいでいた。あまりに過激な闘争が展開される余り、学内に警察権力が介入したり、メディアでは「教師が生徒を（警察に）売る」というような表現が使われたりもした。川越高校においても、教師サイドによるロックアウト（校内封鎖）もあったし、生徒によるハンガーストライキも行われた。市内に住むOBによれば、繰り返されるデモの前後には私服の警察官が自宅にやってきて、写真を見せながら「このヘルメット姿は誰か？」と質問していくシーンもあったという。

実際に70年6月21日反安保のデモの際には、川越高校の校長室に警察当局から二度も電話が入り、「機動隊の出動を要請してください」と勧められてもいる。だが当時の福岡鶴吉校長はこれを頑として断った。教育者として当然の判断と思えるが、当時の緊迫した状況の中では、ギリギリの選択だったはずだ。

そうした状況の中で制定された「生徒憲章」が「政治活動の自由を保障」し、「生徒と教師の意見の一致」から生まれている。もはや制定から半世紀もたったいま、この憲章を省みる者は少ないことは知りつつも、改めてその志の高さを誇らずにはいられない。

はたしてその成立過程はどんな状況だったのか。どんなプロセスを踏んでこの思想は生まれてきたのか。限られた資料と現存する証言者にあたりながら、その検証をしてみたい。

遅れてきた世代が見た闘争とは

「ぼくが入学したのは70年。闘争の中心にいたのは67年68年入学の生徒たちで、69年に生徒憲章がつくられて、70年の6月18日の安保の自動延長の日までが闘争のピークでした。つまりぼく自身が経験した闘争は2カ月だけで、それ以降はしゅっとしぼんでしまった印象です」

川越市内の自宅マンションで、作家の盛田隆二氏（１９７３年卒）が語る。

盛田氏は２０１８年３月23日発行「川越高校新聞」、「特集、川高生と学生運動」の紙面に登場する。自身の体験をもとに、当時の川越高校を舞台にした小説「糠星」（１９７１年、高校2年の夏に執筆した処女作。『あなたのことが、いちばんだいじ』光文社文庫に収録）と、『いつの日も泉は湧いている』（２０１３年日経新聞電子版に連載。のち小学館文庫）を執筆した作家だ。その紙面で、こう発言している。

「69年当時は中学3年生だったが、自宅から川高生がくすの木の下で集会をしている声がよく聞こえた。本格的なデモではなかったが、旗を持ち、平和や反戦を訴えていた。当時は世界中で若者たちが世の中への異議申し立てをしていた時代だった」

つまり氏は闘争真っただ中の世代ではなく、一学年下で、先輩たちが繰り広げた闘争に半ば

6 自主自立の力

「憧れ」て客観視した世代といっていい。それが小説を執筆する作家の視点になった。

入学式の直前には高校から一通の葉書が届いた。

「服装は自由化されました」。

母親は「隆二、制服買っちゃったのに」と呆然としていたという。

入学式の日には生徒憲章が書かれた手帳を配布され、そこで「政治活動の自由」「表現の自由」「服装の自由」が保障されていることを知る。

「それらの自由を求めて闘ったわけでもないのに、入学と同時に自由を手に入れてしまった。そのことに強烈な違和感を抱いたことをよく覚えている」。

だがその違和感が、サッカー部に所属し政治にはさほど興味もなかった少年を、ある行動に向かわせる。

「その後先輩や友人に誘われ、朝霞の米軍基地を見学に行った。基地の中には野戦病院があり、ベトナム戦争で怪我をした兵士がたくさんいた。彼らに対し、市民団体の人が鉄条網越しにたどたどしい英語でベトナムに戻って戦争に参加しないでほしいと呼びかけていた」

当時「キャンプ・ドレイク」と呼ばれていた朝霞市、和光市（当時は大和町）、新座市（当時は新座町）、東京都練馬区大泉にまたがる米軍基地には、アメリカ陸軍第八軍団や第一騎兵師団が駐屯していた。キャンプ・ノースとキャンプ・サウスの南北2つのエリアで構成され、面積は4・5平方キロメートル、東京ドーム約100個分の広大さだ。ノース・キャンプの返還は1986年2月。サウス・キャンプは1978年7月。それまでこの敷地は日本国領土ではなく、アメリカ合衆国の所有だった。現在もサウス・キャンプ地内にAFN送信用アンテナが残っている。

1965年から75年まで続いたベトナム戦争時には、その一角に傷病兵治療のための「米陸軍第249総合病院」という名の野戦病院も建設された。当初は200床だったが、泥沼化する戦況につれて拡張され2000床を越えた。戦死者の死後処理は日本人に委託されていたとも言われている。担架に乗せられた傷病兵や遺体袋がフェンス越しに見えることによる精神的影響、伝染病などの衛生面での問題、搬送ヘリコプターが飛来するたびに付近の朝霞第六小学校の授業が騒音のため中断されることなどが問題視された。(参考 wikipedia)

現在でも国家的問題となっている沖縄・普天間《ふてんま》基地や移転予定地とされる辺野古《へのこ》地区等が抱えるさまざまな問題が、川高生の目の前で現実に横たわっていたのだ。

当時16歳だった盛田少年は、震える思いでそれらを凝視した。

「それを生まれて初めて知り、なぜ自分は(それまで)そういったことに興味を持たなかったのかと驚いた。そして日本の米軍基地からベトナム戦争に行く兵士や飛行機を見て、いたたまれない気持ちになった。その経験から、日米安保条約とベトナム戦争について考える学習会に参加した」

『いつの日も泉は～』の主人公守田少年は、69年K高校入学当初は政治や闘争には何の興味もなくサッカー部に入るつもりだった。だが友人に新聞部に誘われ、先輩たちと朝霞基地を見学し、「ここも戦場なんだ」とショックを受ける。その体験を書いたルポ記事が学校新聞に掲載されると生徒には好評を博しながら、学年主任の教師からは「君はベ平連（ベトナムに平和を！市民連合）の支持者か？」と詰問を受ける。それに反発を覚えることで次第に政治闘争に目覚めていく。

フィクションではあるが、その姿は16歳の盛田氏自身の投影だ。

時代の大きなうねりの中で

1969年10月21日、川越高校では後述する「生徒心得」改定が大きな問題になっていたころ、都立青山高校の屋上からは火炎瓶が次々と投げられ、地面で炸裂《さくれつ》すると炎が2〜3メートル四方に広がった。その硝煙の先には、警視庁機動隊員がズラリと列をなしている。

この日は、新左翼党派が決起を呼びかけた「国際反戦デー」だった。3年前の同じ日には「ベトナム反戦統一スト」が行われ、前年には街頭デモを行った新左翼活動家に「騒乱罪」が適用され734人が逮捕されている。その闘争がこの年、高校にも広がった。

この日の青山高校の様子を綴った『高校紛争1969〜70』(小林哲夫、中公新書)は、「高校がマヒした日」と記している。

1945年の敗戦以降、民主主義国家建設を目指す日本では、さまざまな政治闘争や社会運動が展開された。50年代には、各地の米軍基地拡張や自衛隊の発足に反対する「基地反対運動」が起きた。52年、共産主義化を目指しスターリンの肖像画を掲げた「メーデー事件」。54年、ビキニ環礁《かんしょう》で行われた米軍の水爆実験に反対する「原水爆禁止運動」。60年には日本の社会運動史上最大のものと言われる安保条約改定への反対闘争が起こる。約35万人が集まったと言われる国会前闘争の中では、樺《かん》美《ば》智子さんが死亡(圧死)するという悲劇が起こった。

さらに65年には、アメリカ軍による北ベトナム爆撃が始まる。戦況は泥沼化し、民間人が虐殺されるシーンがしばしば報道された。やがて世界中でベトナム戦争反対運動が盛り上がる。

国内でも65年に「べ平連」が結成され、全国で反戦デモ、反戦運動が展開される。67年には、その中に「全国高校生反戦連絡会議」がつくられた。

67年10月8日、60年代後半の学生運動の出発点とも言われた、佐藤栄作首相の南ベトナム訪問阻止闘争（羽田闘争）が起きる。68年1月、佐世保でアメリカ海軍原子力空母エンタープライズ寄港阻止闘争。68年3月、東京北区アメリカ陸軍王子キャンプ内野戦病院反対運動。

やがて68年9月。大阪府立市岡高校で、日本の高校で初めての「校長室占拠」が起こった。高校におけるヘルメット姿の登場も、この時が嚆矢《こうし》だったと前出の『高校紛争』は書いている。校旗掲揚台には「府高連（大阪府高校生連合）」の赤い旗がなびいた。

このシーンに象徴されるように、この頃全国の高校では、国内外の情勢から反戦、反体制、表現の自由等を標榜《ひょうぼう》する「学生運動」の荒波がさかまいた。

さらに69年1月18日、19日、東京大学安田講堂を舞台に、全共闘および各派の活動家が機動隊と激しく衝突。2日間の籠城・攻防戦の末、682人の逮捕者が出る。

高校生にとって、大学のシンボルであった東京大学で起こったこの事件の衝撃は大きかった。目指す高等教育の最高峰の大学で、学生と公権力とが炎と煙の中で真正面からぶつかり合う。この年の東大入試が中止に追い込まれたことも含めて、多くの高校生にとって、政治闘争が「自分の問題化」する契機になったといって過言ではないはずだ。

やがて闘争は社会人、大学生、そして高校生をも巻き込みながら、70年6月21日、日米安全保障条約の自動延長阻止を目指してより拡大し先鋭化していく。この頃の冒頭に記した69年の青山高校の惨劇は、このような状況の中で起こるべくして起こった事件だったのだ。

学園闘争での「生徒心得」闘争

この時代にあって、川越高校でも徐々に生徒の中に政治的な意識が芽生え始めていた。あるいは内包されていた「体制に抗《あらが》う思想」が表出し始めたといっていい。

百周年記念誌「くすの木」にはこうある。

「前年（67年）から、生徒の関心が生徒会を中心に政治、社会問題に向くようになった」

68年6月、熊谷高校との交歓会において、公開討論会「平和はいつくるか」を開催。10月、生徒会主催討論会「高校生の自主活動について」開催。「川越高校新聞」では「黎明期の人民の歴史」「高校生の政治活動」が特集された。また48年の新制高校誕生時につくられた「生徒心得」

川越高校新聞

論説
政治活動の正当性

近づく生徒心得改正

まだ問題を残す

生徒心得検討中

波紋を投

川越高校新聞

BOOK
太陽堂
川高通りつきあたり

生徒憲章成立の過程を伝える当時の川越高校新聞。この頃の紙面の見出しには「ゲバルトと権力と」「変革期の原動力」「安保と私たち」など、学生運動に関する記事が目立つ。

の第13条、「生徒は学校内または学校行事中に政治活動をしてはならない」の規定も問題になった。

当時の詳細な事情を、「生徒憲章成立時生徒会顧問」だった教師・横田洋氏はこう書いている。

「1968年から69年にかけての時期は、『70年安保』を前にして全国各地の大学で紛争が起こり、それが高校にも飛び火し、学園紛争続発期といってもよいような状況が現出した」（「創立80周年記念誌」・教員の回想）

・69年3月、「卒業生有志」を名乗るグループが3月15日、「訴え」というビラを配る。――現在の高校は受験勉強を主とした人間味のない機械的な教育だ。儀礼的形式的な卒業式の改革を提案する。（筆者抜粋）

・3月18日、新年度入学候補者説明会で、「川高反戦会議」が「新入生に訴える」ビラを配布。――高校予備校化粉砕。表現の自由を認めよ。欺瞞《ぎまん》教師は退陣せよ。沖縄即時無条件全面返還。（同）

・4月8日、同会議が再びビラを配布。――我々の受けている教育は社会矛盾を肯定している。教育目標は形骸化し、受験予備校化している。欺瞞教師は、文部省や教育委員会の言うがまま。自主活動を制限し、集会やデモへの参加を一種の反逆罪と思っている。教育に真の民主主義

を。70年安保粉砕、等々。(同)

こうした動きが表面化する中で、闘争のテーマは、全国的に叫ばれた「受験体制粉砕」、「既存の学校秩序の洗い直し」といった抽象的なものから、次第に川越高校独自の具体的な課題に移っていく。それは20年前に制定されたままで「政治活動の禁止」がうたわれていた「生徒心得」の改定問題、69年度に予定されていた「創立70周年記念式典」挙行の是非、そして授業内容の検討の3点だった。

・69年4月中旬。「川高民主化を促進する会」の名で、「よびかけ」が配布される。それは党派性を感じさせるいわゆる「アジビラ」ではなく、柔らかな口調でこう書かれていた。

——私たちは生徒の自主的な要求に基づいた「生徒心得」改正が実現するために、「川高民主化を促進する会」を結成しました。現在教師の中に「生徒心得」を改定する動きがあります。私たちは「生徒心得」を真に生徒のものにするために、不満、要求をどんどん出し、クラブ・クラスでも話し合いを行いましょう(筆者抜粋)。そこで最後に先生方に次の質問をします。「生徒心得は生徒の行動を規制するものですか?」

「生徒はどういう方法で改正に参加できるのですか?」

「校外生活にまで生徒心得が存在することをどのように考えますか」


このビラの内容を受けて、横田氏は書いている。

「本校職員は(生徒心得に関する)紛争が起きる前に先取りする意味で「生徒心得」の改定を(職員会議の)議論の俎上《そじょう》に載せたのである。そのことが前記のビラの作成のきっかけの一つになっている」。

戦後、新制高校の誕生とともに各校で生まれた「生徒心得」は、学校側が生徒の守るべき規範を示した「べからず集」の色彩を帯びていた。だから自由化を掲げる闘争の中で、多くの高校で改廃のターゲットになったのだ。

すでに学校側は、4月18日に「生徒心得検討委員」の8名の教師を選出し、検討作業に入っていた。その動きを察知した生徒が、このビラを出した。

生徒たちの視線は主に「表現の自由」に注がれ、「生徒心得」改定の過程への生徒の参加も求めた。つまり教師が先行し、生徒は後追いでその作業への参加を申し立てたという構図だ。

・4月25日、生徒会がこの問題に取り組み始める。生徒会の組織である「討論会企画運営委員会」が「生徒手帳の内容の理解」を議題にした討論会を企画。4月30日と5月2日の両日、40〜50名の参加で熱心な議論が行われた。

・その後「川越高校有志」の名で、学校あて請願書の署名活動が行われた。請願事項は、

1、生徒の制帽着用を自由にし、これを成文化すること。

2、掲示印刷物の発行配布を生徒管理にし、表現の自由を保障すること。

3、生徒心得を、生徒を含めた全川高の総意に基づいて改正すること。

4、生徒心得改定委員会を設置すること。

5、生徒心得改定委員会は学校側の検討委員会などと対等に合議できるものとすること。

・同じころ、「3年有志」の名で「生徒心得についての呼びかけ」が校門わき掲示板に張り出された。

1、掲示印刷物配布の許可を生徒会管理へ

2、先生方の生徒心得検討委員会への多数の生徒の参加を

3、検討委員会の公開審議実施を

当初は有志の意見表明で始まったこの動きに、生徒会も反応する。

・5月19日、生徒総会で、学校側が設置していた「生徒心得準備委員会」に生徒も参加したいという意見を表明。

・6月3日、臨時生徒総会で「生徒心得」改定の手続き問題討議。「服装の自由」「校内外生活の活動の自由」「掲示・印刷物等の表現の自由」に関する規定が問題となる。

・7月1日、生徒会協議員会（クラス代表の会議）において、準備委員会へ各クラスから1名参加させることを決定。教師8名とクラス代表27名による「生徒心得改定準備委員会」が発足。

・7月15、17、18日には、準備委員会の活動を経て新たに発足させる「生徒心得検討委員会」の性格・構成・仕事の内容についての議論を重ねる。夏休みをはさみ9月3、4日と討議を重ね、計13回の審議を経て8日に中間報告。10月8日に最終報告。11日には最終案説明のホームルームを各クラスで開催。28日の協議員会で報告承認された。

その案は、生徒心得改定という大作業を行う「検討委員」を生徒のみで構成するという大胆かつ画期的なものだった。各学年から選出される生徒4名計12名と、全校から選出される生徒8名（全校信任投票を行う）の20名が委員となり審議を重ね、生徒総会および職員会議に原案を提出する。その過程で「必要に応じて教師の助言を求める」とある。

学校側の助言メンバーは5名。教師はあくまで「助言者」であり、主体は生徒だ。

すでにこの段階で、後に川越高校の精神と言われる「自主自立」、「自由」の気高い芳香は、学内に薫っていたのだ。

3つの自由、生徒憲章の成立

・11月14日、生徒心得検討委員会委員選出。25日、第一回委員会開催。実質審議は12月2日に開始、そこから2月19日の生徒総会に向けて、短期間に25回にもわたって委員会が開かれた。

委員会は従来の生徒心得を二分し、「生徒が学校生活を円滑に送るためのもの」を「生徒注意書」（仮称）とし、「生徒の自主活動を規定するもの」を「生徒宣言」（仮称）として権利の保障を全面に打ち出そうとした。横田氏によれば、

「初案の『生徒宣言』は、『服装は個人の自由に任せ、それを妨げない』『校内外の生活において、デモ・集会の参加は自由とする』『掲示・印刷物の発行は自由とする』というように、大

幅な自由化を提起している」

ここに初めて、「政治活動の自由」「表現の自由」「服装の自由」の「3つの自由」が文章として記された。さらに全校生徒の総意をくみ上げるべく、極めて民主的な段取りを踏んだ作業が続く。

- 1月16日、各クラス2時間のホームルームで討論を実施。
- 全校生徒から「生徒宣言」についてのアンケート実施。
- 2月3日、「生徒憲章」（生徒宣言を改称）と「生徒規約」（生徒注意書を改称）に関する最終報告が検討委員会から提出。
- 19日、生徒総会実施。検討委員会最終案を討議。
- 20日、全校生徒の投票によって「生徒心得廃止、生徒憲章と生徒規約をもうける」ことが可決された。投票総数844、賛成673、反対149、無効20、棄権2。

この決定を受けて教師が動く。26日に開かれた職員会議では、「了解と期待」と題した5項目の付帯条項をつけるという方針を示す。生徒たちの「意志」は尊重しつつも、主張する「自由」の後ろ楯となる「責任」をしっかりとれよという、親心が滲《にじ》み出た内容だ。

1、生徒憲章は、生徒の達成すべき目標をかかげたものと理解し、生徒の自主的に申し合わせた努力目標として、学校はこれを尊重すべきものと考える。
2、生徒憲章にいう「表現の自由」は、個人攻撃等、誹謗《ひぼう》の自由は含まれないものと了解する。
3、生徒憲章および生徒規約にいう自主的、民主的活動に政党等校外の政治団体の争いが校内に持ち込まれることによって学校本来の目標が妨げられること、および暴力の行使は含まれないものと了解する。
4、服装については、高校生にふさわしく、簡素かつ清潔なものの着用が期待される。
5、生徒規約6の条項は、県立学校としての管理権をさまたげないものと了解する。

これを受けてさらに生徒側は、3月23日、生徒総会を開催。職員会議の5項目の付記を承認し、生徒憲章と生徒規約は成立した。この時こそが、生徒と教師の意志が「一致」した瞬間だった。

全ての過程を見届けた横田氏はこう書いている。

「ここに至るまでに、まる一年の時間と、職員と生徒の、少し大げさな言い方をすれば、血と汗のにじむような努力があった。「生徒憲章」は、数次の生徒総会の討議の末、生徒が自分たちで選出した委員会で原案を作成し、それを最後に生徒総会で承認するという手続を踏み、それに付帯条項をつけることでそのまま職員会議で承認したものであるから、表現にはやや稚拙な点があるのはやむをえないところだろうが、当時の生徒たちの『自由』を求めるエネルギーがここには結集しているといっても過言ではないだろう」

もちろんこの激しい議論が続く中でも、日常の授業はもちろんのこと、定期試験やクラブ活動はあり、3年生には受験も待っている。生徒たちはそれらを全てこなしながら、これだけの委員会や話し合いを実施した。教師もまた、当初は職員会議で決定しようとしていた生徒心得改定を、途中から生徒主体に切り換え、その決定を「尊重しつつ」その遵守に「期待」する。双方ともに、まさに横田氏の言う「血と汗のにじむ努力」が行われたのだ。

だが資料を当たると、この年にはさらに別の大きな闘争テーマもあった。生徒の考え方も多岐に分かれ、一部の過激な生徒の行動が複雑に絡み合う。

それは生徒心得改定と同時に議論された、創立70周年記念式典挙行の是非だった。

70周年記念行事の是非

「69年10月24日、職員会議で70周年記念行事について討議され、生徒の意見聴取を行うことが決定した。12月3日の特別ホームルーム（での討議）に続き、翌4日には協議員会が開催され審議が行われた。結果は次の通りであった。

記念行事、開催する29、しない4、棄権4

記念式典、開催する8、しない31、棄権3」（百周年記念誌「くすの木」）

この頃、闘争真っただ中の各高校では、「既存の学校秩序の洗い直し」や「受験体制の打破」等が議論となっていた。その中で、学校体制と権威の誇示ともとれる創立記念日を大々的に祝うことは、多くの問題を含んでいることは明らかだった。時あたかも69年に創立70周年を迎える川越高校では、年度末に予定されていた記念式典、記念行事の開催の是非も闘争のテーマの一つとなった。

その開催を生徒の意見を聞かずして取り決めていいのか？　行事を強行した場合の反対運動はどうなる？

それらを懸念した教師側が、まずは「生徒の意見聴取」という先手を打ったのだ。

だがその裏では、すでに記念行事の準備は進んでいた。

この頃、川越高校としては、１９３０年（昭和５年）建設の初代講堂の立て替えが懸案だった。戦争末期には兵舎に転用されたこともある古い建物には破損が見られ、建設時の定員の二倍を越える全校生徒の収容は不可能だった。当時の文化祭は市民会館で行われている。

そこで67年2月、後援会長、ＰＴ会長、定時制ＰＴＡ会長、学校長等の連名で、県議会へ体育館兼講堂建設の請願を行い、同月採択。68年３月、定例県会で予算７２３０万円がつき、68、69年度継続事業として決定された。

この決定を受けて、ＰＴ会・後援会は69年度の創立70周年にあわせ、この建設を記念事業として推進することを決定。68年10月には同窓会も加わり、「創立七十周年記念事業推進委員会」が結成された。学校を見守る大人の側では、記念事業は準備万端だったのだ。

ところが教師に意見を聞かれた生徒側が、この開催にごねた。しかも生徒内にもいくつもの考え方の相違があったことと、このころ起こったいくつかの出来事が、事態をより複雑にした。

12月4日の協議員会による「記念式典拒否」の決定を受けて、12日、職員会議で「記念行事」を行うための「七十周年記念行事検討委員」の選出を決定。生徒側は8日に各クラスのホームルームで討議したあと、16日に再度協議員会を開催し、記念行事として「討論会」、「映画会」、「講演会」を行うことに決定した。

ところがこの決定に、一般生徒から再び疑義が出された。「クラス代表である協議員会や生徒会は学校側に与している」という、反体制派の生徒からの異議申し立てだった。

『いつの日も泉は～』にはこんなシーンがある。

例えばクラスでの話し合いを、定例試験が行われる一週間は保留にしようと協議員が言う。

するとテスト期間が終わったらまたゆっくり話し合おうなんて、彼らがいかに学校当局に懐柔されているか、如実に示していますね」と囁《ささや》く生徒がいる。

それくらい一部の生徒の意識は反体制、反学校に集中していた。彼らは自らを「ノンセクト・ラジカル」と呼んだ。そんな彼らを刺激する、ある「出来事」があった。これに遡《さかのぼ》る10月31日、文部省（当時）が前述した「高校生の政治活動禁止」の通達を出したのだ。その内容は、

・学校内は当然禁止
・学校外の場合でも違法、暴力的なデモ・集会はもとより、その恐れがある政治活動を制限、禁止する
・違反者は適正な処分をする（『高校紛争』より）

前出の盛田氏が、当時を振り返る。

「当時の先輩たちは、この文部省の通達への反発が一番大きかったと思います。ではベトナム戦争のことを学ぶ学習会は政治活動なのか？　日本史の教師に聞くと政治活動だと言う。ところが世界史の先生は、それは歴史や政治の知識を広めるためだからもっと自由に議論しようと言う。どちらが正しいのか、誰もわからない。ノンセクト・ラジカルの先輩たちが集会を開こうとしたら公安が入ってきたともいいます。それに対して生徒会の討論会はおだやかだった。そういう見方もあったと思います」

ハンガーストライキ

その「捩《ね》じれ」の中で、川高闘争史の中でも特筆される大きな「事件」が起きた。

生徒会は一般生徒からの疑義を受け、12月20日に再度、協議員会の審議を行い、22日に全校討論会を行うこととした。ところがこの日、「全学闘争委員会」を名乗る生徒たちが、校門前に「七十周年記念事業に関する一切の行事、事業を中止せよ」等、6項目の要求を書いたたて看板を立てた。

さらに生徒3名が校長室で「6項目の要求」に対する交渉を求める。七十周年記念事業の中止以外には、

・形式的卒業式の廃止
・ペーパーテストの廃止
・通知表等による評価の撤廃
・高校生の政治活動を制約する文部省の見解に抗議せよ
・以上を全校集会の場において確認するまで授業を中止せよ

この時の学校側の対応を、「くすの木」はこう記している。

「校長は教頭ほか二名の教師の立ち会いのもとで、全闘委生徒二名との交渉に応じた。生徒が六項目の即時授業中止・全校集会を求めたので、校長は『全学闘争委員会という一部生徒の代表から出された要求で全校集会を開くことはできない。要求は生徒会組織を通すべきである』と答え、交渉を打ち切った」


その直後だった。全闘委3名の生徒が校長室前に座り込み、無期限ハンガーストライキに突入したのだ。『いつの日も泉は～』の中で、フィクションではあるが、ハンストのシーンはこう記されている。

「(主人公の守田が）職員室の前までくると、北原の隣に筋野も座り込み、『ハンスト決行中！』と書いたボードを首から提げていた。（中略）そこには30人ほどの生徒が集まっていた。多くは北原と同じクラスの生徒で、好奇心から様子を見に来ただけだった。職員室のドアが開いて、一人の教師が顔を見せた。『職員会議中だ。静かにしなさい』。生徒たちは一瞬静かになったが、(後略)」

「くすの木」はこう続く。

「担任教師の説得にもかかわらず、ハンストは翌日曜日を経て月曜日も行われた。生徒会では22日月曜日に七十周年行事について協議員会やクラス討論を企画していた。この日校長は、『全校生徒の諸君へ』と題して事態の経緯を説明するプリントを配布。生徒の冷静なる対応を求めた。

同日生徒会本部も『六項目の要求』に対する見解を発表。全闘委の問題提起を評価するものの、それを大衆団交的な全学集会で解決するという方法には疑問を示した。

だが生徒総会の開催を会長職権で行うことに決め、それが協議員会で可決されたので、22日午後、ハンストは中止された」

ハンスト実施中の22日月曜日の1、2時限には、各学年のクラスを集めた縦割り討論会が行われた。3、4時限にはクラス別のホームルーム開催。午後から協議員会が開催され、「式典、行事、一切行わないこと」が決定された。翌23日、会長主催の臨時生徒総会が開催され、協議員会案を可決。生徒たちは何度も討議を重ね、その主体的な判断のもとに、七十周年記念式典、及び行事は一切行われないこととなる。ハンストという異常な事態も収まった。

翌70年1月30日、ＰＴ会、後援会からは「七十周年記念行事については校長へ一任する」との報告があった。校長はここに式典と行事の中止を決定する。

『いつの日も泉は〜』では、ハンスト中止のシーンはこう描かれている。

「(月曜日の6時間目)ぼくらは校長室に呼ばれて、六人全員で校長室に入った。(中略)『諸君の要求に対して誠意をもって回答したいが、それには検討する時間があまりにも足りない。年明けのなるべく早い時期に文章をもって回答したい』

ぼくはあわててノートを取り出し、『すみませんがもう一度お願いします』と言った。そして校長の言葉を書き留めると、ノートを開いて差し出した。

『ここにサインをいただけますか』

校長は黙ってうなずくと、そこに記された自分の言葉の下に万年筆で署名をした。次の瞬間、北原が長椅子から腰をあげた。

『この文章をもって、我々も一定の成果をあげたと判断し、ハンストを解除することにします』

『うん、そうか、よかった』

校長はそういって手を差し出した。だが北原は握手に応じることなく、『それでは失礼します』

と一礼して、足元をふらつかせながら校長室を出ていった。ぼくらも校長に頭を下げると、あわてて北原に続いた。」

年が明けて70年1月。学校側は約束通り、全闘委が掲げた「70周年記念式典行事の中止」以外の5項目の要求に対して「見解」を示した。

「形式的卒業式の廃止」については、前年まで行われていた「向上賞」を廃止。来賓祝辞もやめることになった。「ペーパーテストの廃止」と「通知表による評価の撤廃」には応じられなかったが、「学期末授業検討委員会」を発足させ、3月18、19日の両日を「自主講座の日」として、各科の教師が生徒と相談の上でテーマを決めて特別講座を開くこととなった。そのテーマには「原子力の平和利用」「ベトナム史」「ファシズムと戦後史」等が並んでいる。本書で作家の奥泉氏が述べた「特別講座」は、この歴史の中で生まれたものだ。さらにSSH世代の原田氏が語った「先生にお願いした自主ゼミ」の系譜も、この流れから生まれたものと見ていい。

こうして反体制派の生徒との約束が守られたことで、この後、生徒と教師は、生徒心得改定の最終段階に入っていく。まさに激動の69年だった。

『創立八十周年記念誌』より
「自主講座の日」に行われていた特別講座の内容

講師		テーマ
細田	英	英詩鑑賞
斉藤(尚)	数	古典数学と現代数学の比較
黒井	物	将来の宇宙航空
野口(邦)	英	英語速読法の基礎研究
黒井	倫	内村鑑三の研究
斉藤(邦)	物	最近の天文学の方法
黒沢	英	英語という言葉のおいたち
大島	英	英語講読
梅沢	数	整数論
野口(進)	数	集合論
森江(進)	数	影射幾何の入り口
田中(啓)	古	平安女流の文学について
斉藤(彰)	国	漱石「硝子戸の中」について
渋谷	地学	川越台のおいたち
内田	化	原子力の平和利用
増田	歴史	ベトナム史
荒井	歴史	近代日本史にとってのヨーロッパとアジア
宇波	倫社	実存主義から構造主義へ
豊島	体	剣道
渡辺	経済	私たちの生活と経済学
牛窪	芸	書道史（王羲之を中心に）
大沢	芸	花丹写真画
大久原	英	英語発音演習
小島	英	英詩鑑賞
飯塚	数	置換と対称式・交代式
木村	数	連立方程式と行列式
金井	数	プール代数
堀江	古	堤中納言物語
松本(成)	古	万葉集東歌
横田	国	近代文学に捜る教育の実相
本田	国	文学を理解するのに必要な基本的３要素について(美学)
松村(好)	物	特殊相対性理論への招待
富樫	生	人間はどこまで動物か！
那須	物	剛体の力学
佐々木	歴史	川高発展史物語
小泉・増田	歴史	ファシズムと戦後史
愛川	哲学	形而上学
体育の先生	体	柔道
松葉	哲学	人間形成のメカニズム

生徒の主張を受け止め、信頼してくれた

この年に生徒会長を務めた郷家一二三氏が、川越新聞2004年10月29日号で当時を振り返ってこう述べている。

「学生運動の波が川高にも押し寄せてきて、校内の自治や自由が叫ばれていた。主に服装の自由、校内での政治活動の自由、同好会を結成する自由などが求められていた。先生方もわれわれの主張を本気で受け止めて議論してくれたと思う。生徒を信頼してくれていたのがよくわかった。生徒憲章の制作は主に委員会が行い、生徒会はそれを後ろから支えた。（中略）生徒や教員の間で生徒憲章は来年に持ち越さずに決定しようということになり、3月最後の総会で承認された」

一連の「生徒憲章」に関する取り組みが、生徒、教師、そして生徒会のギリギリの調整の中で、なんとか年度内に決着したことがよくわかる発言だ。

学校を辞めた先輩

だが、今回の川高学園闘争の取材の中で、私には気になる発言があった。

「あの頃のぼくにとって最大の違和感は、実は1年生の2学期に一人の3年生の先輩が突然学校を辞めたことでした。当時のベ平連のリーダーで、優秀な人でした」

インタビューの中で、盛田氏が語った言葉だ。

「その先輩は学校を突然辞めて、家出して住み込みで新聞配達を始めたと聞きました。在学中は面識はなかったのですが、すごく気になった。サッカー部の先輩にその人のことを聞いても「あいつはよくわからない」と言うばかり。生徒憲章は妥協の産物であり、それをまるで闘いの成果のように自讃する生徒たちに絶望したのではないかと思います。あくまでも想像ですが」

氏がまだ中学生時代の69年の闘争の様子は、のちに資料を漁り、関係者へのインタビューを重ね、百周年記念誌「くすの木」の表記も参考にして『いつの日も泉は〜』として書き上げられた。執筆は東日本大震災のあと、59歳のときのことだった。

けれどここで語られた「学校を突然辞めた先輩」のことは、よほど印象的だったのだろう。その先輩とは一度も会うこともないままに、盛田氏は高校1年時に感じた違和感をモチーフに

17歳の夏に50枚の作品を書き上げた。「糠星」と題した初めての小説だった。それが旺文社の『高二時代』の小説コンクールで一等賞に輝き、同誌に掲載されたことで氏のデビュー作となる。

その作品の中で、69年10月の羽田事件に参加して逮捕された主人公の和泉は、単位が足りないことで一学年下の守田のクラスに編入してくる。誰とも話さない寡黙な少年だったが、守田にだけは心を開くようになる。そんな中、K高校で教師によって封鎖された校門をデモ隊が突破する「ロックアウト事件」が起こる――。

70年6月21日、日米安保条約の自動延長を2日後に控えた日、反安保闘争がピークを迎える中、川越高校でロックアウト事件が起こった。「くすの木」はこう伝えている。

「1970年6月21日日曜日、反安保集会の開催が企画され、事前に集会届けが学校に提出されたが、職員会議での審議の結果認められなかった。理由は他校生の存在が想定されたためと思われる。だが学校側は、この集会の強行を警戒。当日午後、校門を閉めて職員20名ほどをその付近に配置することにした」

この日の現場に、盛田氏は実際にいた。サッカー部の一員として、練習をしようと学校にきていたのだ。こう振り返る。

「自分の作品の中でぼくが登場しているのは、ロックアウトの日のシーンだけです。練習に行ったら校門が閉まっていて、中にいれてもらえない。『練習なんですけど』と言って土手から校内に入る部員は、自分がモデルです。当時は何も知らないスポーツ少年でしたが、そういう状況を目の当たりにして『いったい何が起きているんだろう』と急速に政治問題に興味を持つようになりました」


6月21日、閉じられたままの川越高校の正門前。

午後2時ころになると、他校生も含んだ集会グループ四十数名が押し寄せた。「ベ平連やノンセクトも混ざって県下の高校生集団が集まってきた。女生徒も少なくなかったが、大学生とおぼしき男たちの姿もあった」(「糠星」)。

中にいれまいとする職員と集会グループとで押し問答が始まる。

その間、部活動で来校した生徒は、校門脇の土手を越えて自由に学校内に出入りしていた。

それを見た集会グループは校内突入を強行。ヘルメットに覆面の者43名が教員を押し退けて土手を越えて校内に入り込んだ。その後校内デモ、集会を開いた後、1時間ほどして市内デモに移った。この時学校の外には機動隊が待機していた。

だが盛田氏が「気になった」先輩は、この日の出来事を契機に退学したわけではない。実はその2日後、6月23日の集会こそが先輩自身が企画した反安保集会だった。盛田氏が振り返る。
「その先輩はベ平連に参加し、川高だけでなく川越女子高や川越工業高校といった他校の生徒たちと広く交流するなかで活動していたと聞きます。69年のハンストには参加していないし、生徒憲章づくりにも加わっていない。むしろ生徒憲章には批判的だった。6・23のデモはきちんと警察に届けて、両側を警官にガードされながら川高から川越駅まで旗を掲げてデモ行進しました。ぼくはそのシーンを実際に見られなかったことが残念で、それで小説を書いたという側面もありました」

この集会には120名の生徒が参加したと「くすの木」は書く。
「くすの木の下で集会を開いたあと、シュプレヒコールをあげながら市内をデモ行進。川越駅前で川越工業高校をはじめとする市内他校の生徒と一緒になり、ギター伴奏で（当時の闘争のテーマソングだった）「友よ」（岡林信康）を合唱して散会した」

その後この先輩は学校を中退し、新聞販売店に住み込みで働き始める。あとに残ったのは、盛田氏が記した一遍の小説だけだった。

その日から約35年後、この時の先輩、藤縄喜朗氏は、朝日新聞のインタビューに答えてこう語っている。

何も終わっていない

「川越高校時代はベ平連に参加し、『反戦闘争委員会』というグループの委員長になった。本当に安保がいけないのか、今振り返ると、よくわからなかった。あの時、自分を突き動かしたのは、結局『時代』だったと思う。

70年、制定されたばかりの『生徒憲章』を批判するビラを配った。安保条約延長を目前にした6月、デモに加わった生徒らを高校側がロックアウトした。校内突入を試みた。数日後、再び大きなデモを計画し、数百人の川高生も参加して、高校から川越駅までを歩いた。

しかし安保が延長されると、学生運動の熱気は急速に冷めた。

『本当は何も終わっていない』

卒業を間近に控えた11月、何かのケリをつけるように、家出して高校は中退した。大学検定を経て進学。『目立たぬように生きよう』と決意する。地元の鶴ヶ島町（現鶴ヶ島市）役場に就職し、町史編集に携わった。」（２００４年 asahi.com「時代の風とともに」より、一部筆者略）

藤縄氏の言葉にもあるように、70年6月、安保条約の自動延長が決まると、全国の闘争は急速にしぼんでいった。川高でも、69年の闘争を経験した世代が卒業したあと、70年6月までの2カ月間の闘争を経て、それまでの熱気は見事に冷えていった。

いや正確に言えば、69年世代でも、本稿に記したように「熱い闘争」に参加し、その記憶を残しているのはむしろ少数派と言った方がいい。圧倒的多数の生徒たちは、68〜69〜70年初頭までの時間を校内で共有していても、一部の生徒の政治的運動が過激化するのを尻目に、目の前の勉強やクラブ活動に夢中だった。

67年入学、69年に3年生だったOBたちからは、こんな言葉が語られる。

「3年生になってから急に一部の生徒たちの学生運動熱があがった。夏休み以降学校にこなくなって中退した人もいた」

「校長室前のハンストはあったけれど、学校全体としては盛り上がっていない。おれたちの受験勉強の邪魔をしないでくれと思っていた」

「闘争と服装の自由化はリンクしていない。生徒憲章はクラスから代表が出て、先生と一緒につくった」

「制服は軍隊みたいだと生徒が言ったら、ある先生が学生服は平和の象徴だと言った。その言葉が記憶に残っている」

「3年生の謝恩会の時に立川談志がきた。市民会館で落語を喋りだす前に過激な生徒と口論になって、1時間くらい議論したあとで落語をしないで帰っちゃった」

「過激なやつにオルグされても、反論して論破してこちらからオルグ仕返していた」等々。

当たり前のことだが、約半世紀の時の流れの中で各自の記憶は薄れ、うつろい、すり替わっていく。卒業生の数だけ記憶があり、歴史はそれぞれに語られる。「くすの木」にもこう記されている。

「当時の川高生がさまざまな問題にすべて真剣に取り組んでいたかといえば、必ずしもそうではない。生徒心得検討委員会の選出は『あみだくじ』で決められたし、生徒総会は定足数不足で（69年だけでも）何回も流会した。多くの団体のビラが配られたが、活動家の生徒の言葉は、一般の生徒の聞き入れるところでもなかった。『70年』前後は、そういう時代だった」

自由への闘争

70年以降の川越高校新聞を見ても、69年当時の高揚と比べると、ごく短時間の中で隔世の感がある。「形骸化される憲章」「不和と矛盾の中で」「忘れられた憲章」「現実を自覚しよう」「問われる掲示管理委員会」「義務を忘れた委員」等々。

その見出しをみただけで、獲得した「自由」の意義を忘れた生徒の様子がみてとれる。「くすの木」によれば、1971年の段階で生徒会規約第七条により設置された「掲示印刷物管理委員会」には応募者がなく、各クラスからの委員選出によってようやく各学年二名が選ばれた。本来なら委員は毎日交代で昼休みに生徒会室に詰めることになっていたが、守られず、委員不在のために印刷物に無断で印を押し掲示されることもあったという。

わずか一年で、血と汗にまみれた努力の末に獲得した「表現の自由」は内側から崩壊し、掲げた志も霧散していく。その熱量の差は、盛田氏も語ったように、「獲得した者」と「与えられた者」の差といってもいい。

私自身、１９７６年に入学したときは「服装の自由」は当たり前だったし、在学中に「生徒憲章」を意識して読んだ記憶すらない。「シラケ世代」と呼ばれ、「三無主義」が跋扈《ばっこ》していた。私だけでなく、「川高の自主自立の精神」「自由な校風」と言葉では語っても、その由来と獲得の歴史を胸を張って語れる卒業生は、それほど多くないはずだ。

けれどだからこそ――。

私は本稿執筆の直前に、フェイスブック経由で飛び込んできた２０１９年現役生の増田くんの言葉に反応してしまった。川越高校の「自由の精神」が、まるで誰かが導いてくれたかのように、半世紀の時の流れを越えて地下水脈から飛び出してきたように感じられたのだ。

彼の挨拶はこう続いた。

「自由というのははたしてなんなのか。自由だからといって自分の好きなことをしていいというわけではないのです。例えばモラルやマナーを守るということも重要です。

自由というものは、享受するために責任が伴ってきます。その責任こそ、本校の掲げる自主自立ではないかと私は考えます。

つまりは自主自立という責任を果たすことで、初めて自由が享受できるというわけです。

本校が自由な校風と言われているのは、生徒一人一人がそして歴代の先輩方が、自主自立を体現しているからです。一日も早く川高に慣れて、自主自立という責任を果たせるように日々精進していってください」


増田くんの言葉は、新入生に語られたものだ。まして増田くんは69年当時の高揚を知るはずもないし、その歴史を誰かに教わったわけでもない。

けれどこうして味わってみると、その言葉はこの学舎を経験した全ての卒業生、教師、関係者にも語られているとは言えまいか。それが川越高校の歴史に無自覚に語られたものだとするならば、それこそが「伝統」という以外にない。

１２０年間受け継がれてきた川越高校の精神——。


それはまさに、自由への闘争なのだ。

あとがき

高校時代の「純度」を保つために

本書は、埼玉県立川越高校同窓会の企画プロデュースにより、創立120周年企画として2018年に産声を上げた。

同窓会の誕生は1907年（明治40年）に遡る。1924年の川越中学創立25周年には運動場拡張、記念図書贈呈、10年以上勤続職員表彰等を行っている。

戦後の活動は1946年（昭和21年）に始まった。校舎改築時の募金、理科棟増築時の寄付等の経済的支援の他、今日の活動にもつながる5月の第二日曜日（母の日）の総会開催（53年より）、会報の発行（53年10月20日に第一号）等、着実に実績を重ねてきた。

1999年（平成11年）に行われた学校創立100周年においては、記念式典実施や新図書館建設を念頭に募金活動を実施。当初1億円を目標としたが大きく越えて約1億3000万円を達成し、99年3月、新図書館は予定通り竣工した。

2009年（平成21年）からは事務局が新図書館棟二階に常設され、同窓会員から選出された事務局長が常駐するようになった。それ以前は川高ＯＢの職員5名程度が校内幹事として事務に当たっていたが、その活動範囲の広まりに対応するためだ。同時に会則も大幅に改定され、その年の卒業生から終身会費２万円を分割で徴収、同窓会報の全員配布も実現した。

その間１９５３年（昭和28年）に誕生した在京初雁会を筆頭とする各地区のＯＢ会活動も順次活動エリアを広げ、現在では関西を含めて21の「初雁会」が同窓生同士の見聞を広め親睦を深める活動を展開している。

現在の同窓会としての最大の活動テーマは「地域貢献」と「現役生支援」だ。「地域」をテーマとしては、２０１２年（平成24年）から名栗湖湖畔の山の斜面４・２ヘクタールを借りて、「川高初雁の森」づくりが始まっている。川越市内では、川越城内にかつての城の見取り図を記した記念碑を寄贈した。

今後はＯＢのネットワークを使って講師を募集して、小学生を対象とした「くすのき未来塾」を川越で開設することとなった。しかるべきＯＢが講師となり、地域の学びや魅力、物語を発信する。地域を愛する子どもを育てる「ふるさとキャリア教育」や、自分自身の将来を考える「キャリア教育」等を行う考えだ。もちろん本書で述べた「川高サイエンス探求」や「くすのき祭」と同様、この学びを通して川高への憧れを深めてもらい、将来の生徒募集に繋げたいという意図もある。

「在校生支援」については、すでに「川高サイエンス探求」への助成、グローバルリーダーシップ プログラム（GLP）へ補助を行っている。

これらの活動を永続的に行うために、2019年に同窓会が獲得したのは「公益財団」の認可だった。長年の懸案だった財団化が実現したことで、在校生支援はSSHとGLPだけでなく、経済的な困窮者を対象とした「奨学金制度」創設にも大きく前進した。10年間で5000万円の寄付を目標として募り、年間500万円を財源として在校生支援をする計画だ。

現在在校生1200名余の中には、経済的に恵まれない世帯の生徒が徐々に増えつつある。経済格差が教育格差に繋がると言われる中で、公立高校の使命は全ての10代に教育機会を与えることにあるとすれば、給付型の奨学金制度は大きな意味を持ち、公立高校魅力化に向けての一歩ともなる。税制上の優遇制度を持つ公益財団化はその意味で念願であり、今後の同窓会活動のバネになることは違いない。

OB会員にとっても、これは朗報だ。人生100年時代と言われる現在、企業組織や現役活動を退いてからの数十年間をいかに生きるかは、誰にとっても大きな課題だ。血縁、職縁、地縁だけでなく、同窓会を通してふるさとの「学縁」がそこに加わるなら、人生の晩年が充実期ともなる。

本書でも何人ものOBが語ったが、川高生は現役時代に川越と近隣地域には有形無形の支援をいただいてきた。OBとなったいま、今度はその恩に報いる番だ。同窓会が掲げる「地域貢献」と「現役生支援」は、さまざまな形で現在の疲弊する地域を活性化する可能性を持っている。同時にそれは、同窓生の「生き甲斐」にも繋がるはずだ。財団となった同窓会は、今後さまざまな事業を展開しつつ地域に広く深く根を張っていく。それこそが、地域の中心に位置する公立高校の、「生涯型地域貢献モデル」となるだろう。

※

今回の取材では、10代の若者から70〜80代の先輩まで、多様な方へのインタビューを重ねてきた。その中で忘れられないシーンがある。

くすのき祭3年生実行委員にインタビューした日。受験勉強を犠牲にして膨大な課題と格闘したメンバーの話を聞いたあとで、私は思わずこう言った。

「そんなに大変な仕事をこなして巨大学園祭を成功させたのだから、その成果をAO入試で訴えればどの大学でも合格間違いないのでは？」

すると実行委員長は、不思議なものを見るような目でこういった。

「そんなこと考えたこともありません。そんな意図を持ってしまったら、くすのき祭の純度が保てない。ぼくらはこの祭を純粋にやろうと思っている。集団としての純度が大切なんです」

その瞬間に感じた、頬を思い切り張手で殴られたような「痛み」。それは同時に、この取材に当たれた「幸せの痛み」でもあった。

この痛みを感じられるということは、私の中にもまだ微かに黄金の10代の記憶が残っているということか――。多くの読者とも、その「痛み」を共有できることを祈っている。

※

目ぼしいOBへのインタビュー集として生まれた本書の企画は、途中から母校への興味が深まり、その歴史の重みに気づき、熱い情熱を湛《たた》えたOBや現役生、教師との出会いも重なって、物語は縦横に広がることとなりました。お楽しみいただけましたでしょうか。

いうまでもなく120年の歴史と3万人余りの同窓生には、その数だけの思い出があり「恩師」や「旧友」がいます。その全てを取材することは当然不可能であり、極めて恣意的な人選になったことをお許しください。本書を通して、「書かれざる川越高校の物語」にも思いを馳せていただけたら幸いです。

同時に川越高校卒業生以外の読者には、本書との出会いをきっかけに、現在の高校教育への注意を喚起していただけたらと思います。さまざまな意味で疲弊し混迷する現在の公立高校がその存在意義を主張するために、本書で描いた「川越高校」は一つのモデルです。多くの公立高校から多様な物語が生まれ、その教育実践が次代の日本と世界を支えるプレイヤーを生むことを祈ってやみません。

本書のプロデュースの労をとってくださった同窓会菊池建太会長（１９６５年卒、第32代校長）及び岡部恒雄事務局長（１９６３年卒）、栗原由郎氏（１９６９年卒、元川高教諭）、また編集に当たってくれた青月社・望月勝氏（１９８９年卒）に深く感謝いたします。

取材執筆に際してお世話になりました多くの川越高校卒業生、在校生、現役教師、関係者のみなさまにも感謝いたします。ありがとうございました。

そして今日も、川越高校に聳えるくすの木は、躍動する10代の若者たちを包み込んで、その成長を見守っている。全ての未来に明るい光がさすことを祈りつつ。

２０１９年初夏

神山典士

◉著者プロフィール

神山典士（こうやま・のりお）

ノンフィクション作家。1960 年埼玉県生れ。

川越高校（79 年）、信州大学卒。96 年『ライオンの夢、コンデ・コマ＝前田光世伝』にて小学館ノンフィクション賞優秀賞受賞（現在は『不敗の格闘王、前田光世伝』（祥伝社黄金文庫））。2011 年『ピアノはともだち、奇跡のピアニスト辻井伸行の秘密』（講談社、青い鳥文庫）が全国読書感想文コンクール課題図書選定。14 年「佐村河内事件報道」により、第45 回大宅壮一ノンフィクション賞（雑誌部門）、日本ジャーナリズム大賞受賞。「異文化」「表現者」「アウトロー」をテーマに様々なジャンルの主人公を追い続けている。著書に『知られざる北斎』（幻冬舎）、『もう恥を書かない文章術』（ポプラ社）、『成功する里山ビジネス～ダウンシフトという選択』（角川新書）、『ペテン師と天才～佐村河内事件の全貌』（文藝春秋）等多数。こうやまのりお名義で児童書も執筆、『ヒット商品研究所へようこそ』（講談社）、『目指せ！　給食甲子園』等多数。

川越高校のリベラルアーツ教育

発行日　2019年 9月14日　第1刷

定　価　本体1500円＋税
著　者　神山典士
イラスト　真崎なこ

発　行　川越高校同窓会
〒350-0053
埼玉県川越市郭町2-6
TEL 0492-25-9071
発　売　株式会社 青月社
〒101-0032
東京都千代田区岩本町3-2-1 共同ビル8Ｆ
TEL 03-6679-3496　FAX 03-5833-8664

印刷・製本　株式会社ベクトル印刷

ISBN 978-4-8109-1333-0